헬싱키,
생활의 연습

헬싱키 Helsinki, 생활의 연습

박사라 지음 | 황세정 옮김

차 례

나는 2020년 2월부터 핀란드의 수도, 헬싱키에서 일하게 되었다. 2018년 여름, 나는 핀란드의 이위베스퀼레라는 도시에 처음 머물게 되었는데 그것이 계기가 되었다. 반짝이는 햇살과 호수 그리고 아름다운 숲이 마음에 든 나는 언젠가 기회가 된다면 이 나라에 살고 싶다고 생각했다.

그로부터 일 년쯤 지났을 무렵, 헬싱키에 있는 어느 회사에서 직원을 뽑는다고 했다. 밑져야 본전이라는 생각으로 서류를 보냈더니, 덜컥 붙어 면접까지 보게 되었다. 면접을 본 뒤, '결과는 2주에서 한 달 후에 알려드립니다.'라고 안내를 받았다. 그런데 한 달 반이 지나도 감감무소식이어서 떨어진 줄 알았는데……두 달 정도 지나 합격했다는 소식이 전해졌다.

나는 결혼을 했고, 두 아이가 있다. 채용 통보를 받았을 때 큰아이는 여섯 살, 작은아이는 두 살이었다. 남편은 일본에서 일하며 어느 정도 직업상의 경력을 쌓아가고 있었다. 가족들은 어쩔 생각이었는지 나도 참 대책이 없었다.

조마조마한 마음으로 남편에게 "나 붙은 것 같아."라고 말했더니, "대단한데! 축하해."라고 했다. 남편으로서 해 줄 수 있는 말이 딱히 그것밖에 없었을 수도 있지만 그렇게 말해 주니 비로소 기쁘다는 생각이 들었다. 중학생 시절부터 거의 20년 가까이, 기회가 된다면 외국에 나가 살고 싶다는 생각을 해왔기 때문이다.

나는 일본에서 태어나, 일본 국적을 지닌 재일한국인이다. 아버지가 한국인, 어머니가 일본인이므로 '혼혈 재일한국인'이라는 표현이 정확할지도 모른다. 가끔 처음 만난 자리에서 내게 뜬금없이 국적이나 정체성과 관련한 개인적인 질문을 서슴없이 하는 사람이 있다. 나는 아무렇지도 않게 그런 질문을 하는 사람이 부럽다.

나는 한국식 이름을 쓰고 있어서, 법을 따져야 하는 일이 아니라면 일상생활에서는 일본인으로 취급받지 않는다. 만약 평생 일본인 취급을 받고 살았다면 나는 나 자신을 당연히 일본인이라 생각했을지도 모른다. 나는 평생 '왜 일본인이 되지 않아?'라든가 '거의 일본인이나 마찬가지네!'라는 말을 들으며 살아왔다. 그런 말들은 모두 상대방이 '일본인이 아닌' 것을 전제로 한다.

나는 이름 때문에 초등학교 시절, 다른 아이들에게 괴롭힘을 당했던 것 같다. '당했던 것 같다'라고 말하는 이유는 사실 거의 기억이 나지 않기 때문이다. 그렇다고 해서 내가 민족단체(재일한국인 단체)의 어린이 모임에 잘 적응한 것도 아니었다. 초등학교에 다닐 때는, 방과 후에 한국어나 한국의 역사를 배우는 '민족학급' 과정을 듣기도 했지만, 그곳의 선생님은 나를 대놓고 싫어했다. 왜 그랬을까. 품행이 방정하고, 성정도 우수하며, 뭐든지 금세 배우고, 민족의식마저 높았던 나의 어떤 점이 문제였을까. 그녀에게 직접 그렇게 물어봐서였을까.

나는 내 문제가 무엇인지, 나는 대체 누구인지, 지나칠 정도로 고민했다. 그리고 그런 고민이 귀찮아졌을 무렵 초등학교 시절이 끝났다.

중학교 1학년, 나는 학교에 부임한 원어민 영어 보조교사가 내가 일본인인지 한국인인지 혼혈인지 다문화가정 2세인지 전혀 관심도 없고, 신경 쓰지도 않는다는 걸 눈치챘다. 이 사람의 관심사는 오로지 내가 얼마만큼 영어를 말할 수 있느냐 하는 것이었다.

'이 사람과 대화를 나눌 때는 정말 마음이 편하다. 왜 그럴까? 세상에는 분명 이런 사람이 더 있을 거야. 솔직히 나도 눈앞에 있는 이 사람이 미국인인지 캐나다인인지 호주인인지 전혀 신경쓰지 않잖아. 그렇다면 그런 곳에 가서 살면 되지 않을까?'

그렇게 나는 갑자기 외국에 가서 살고 싶어졌다. 일본도 한국도 아닌, 다른 나라에 가서 살고 싶었다. 솔직히 '동아시아에서 온 원숭이 한 마리'쯤으로 보여도 상관없었다. 두 나라의 역사 문제나 지금의 관계를 전혀 알지도 못하는 일본인에게 '조센징(원문의 '朝鮮人'은 차별 용어로 쓰이는 말이다-역

㈜)은 조선으로 돌아가.'라는 소리를 들을 바에야 차라리 지구 반대편에서 '옐로우몽키는 파 이스트에서 바나나나 먹어.'라는 소리를 듣는 편이 낫지 않을까?

하긴 나의 이런 말도 마음씨 착한 나의 일본인 친구들은 대부분 공감하지 못할 것이다.

중학교 3학년쯤 되서는 '나는 그냥 나야, 어느 나라 사람도 아니야.'라고 생각하게 되었다. 소위 말하는 중2병 증상 중 하나였을 수도 있다. 하지만 고등학교에 들어가자 그런 생각도 왠지 틀린 것 같았다. 그러다 대학에서 사회학을 공부하고 나서야 깨달았다. 나 자신이 아니라, 나의 정체성에 대해 끊임없이 고민해야만 하는 '이 상황'이 문제였다.

· · ·

그렇다면 상황을 바꾸면 될까. 하지만 그 당시, 나는 바로 눈 앞에 닥친 일들에 적응하느라 정말 바빴다. 원하는 대학에 들어갔고, 즐거운 대학 생활을 보냈다. 그리고 정신을 차려 보니 어느새 사회인이 되어 있었다. 그러는 사이에 결혼도 했고, 남편과의 사이에서 아이도 생겼다. 이제 혼자 홀

쩍 여행을 가거나 유학을 떠나거나 해외 취업에 도전하는 것은 아무리 생각해도 힘든 일이지. 그런 생각을 하던 차에 합격 통보를 받았다.

합격 통보를 받은 타이밍도 괜찮은 편이었다. 그 당시 유키는 어린이집 졸업반이었다. 유키는 일본인이었던 남편의 성을 따랐고, 구마는 내 성을 따랐다. 그러니까 누나와 남동생의 성이 다르다. 하지만 나는 내 이름을 바꿀 생각이 없었다. 그러면서 걱정이 되기도 했다. 아이들과 함께 있는 자리에서 누군가 내 이름이 부른다면, 우리 아이들이 '쟤네 엄마는 조센징이야.'라는 소리를 듣게 될텐데, 그럼 어쩌지.

유키나 구마가 초등학교에 다니기 시작하면 어릴 적 내가 그랬듯이 부모의 뿌리를 이유로 아이들에게 괴롭힘을 당하지 않을까. 만약 내 아이들이 괴롭힘을 당하면, 나는 과연 우리 아버지께서 그러셨듯이 네가 당하고 있는 것은 민족 차별이라고 명확히 정의하고, 학교 측에 차별 행위에 대한 대책을 요구할 수 있을까.

그리고 만약 유키가 너무나도 당연히 자신을 일본인이라고 생각하게 된다면 내 마음은 어떨까. 구마가 과거의 내가 그랬던 것처럼 자신의 정체성에 대해 고민하기 시작하면 나는 뭐라고 말해줘야 할까.

이런 생각을 할 때면 늘 마음이 무거워졌다. 아직 시작도 하지 않은 아이들의 학교 생활이 벌써 걱정되었다. 아니 그러니까 내가 왜 이런 고민을 해야 하냔 말이다.

대체 언제까지 이런 문제에 끌려다니게 할 것인가. 일본 사회는.

나는 이 상황을 바꾸고 싶었다. 그래서 유키가 태어난 후, 필사적으로 해외 취업에 매달렸다. 사실 일본에서 일하면서 직장에 아무런 불만도 없었다. 그래서 스스로도 이러다 언젠가는 포기하겠지 싶었다. 그러는 편이 남편이나 직장 동료, 우리 아이들과 부모님까지 모두가 행복해지는 길이라는 것도 알고 있었다. 하지만 그게 잘 되지 않았다.

언제까지나 꿈을 좇을 수 있는 나이도, 입장도 아니었기에 나는 나름대로 제한 시간을 정했다. 유키가 초등학교에 입학하기 전까지. 즉, 2020년 3월 31일까지 노력해보고 안된다면 지금 다니고 있는 직장을 착실히 다니자고.

그리고 2020년 2월에 나는 헬싱키에 도착했다. 유키와 구마는 유키의 어린이집 졸업식이 끝나는 3월 중순에 합류하기로 했다.

. . .

이제부터 주로 유키와 구마와 내가 서로를 도와가며 헬싱키에서 어떻게 살아가고 있는지를 적어나가려고 한다.

이 책을 쓰겠다고 마음먹은 이유는 딱히 내 복잡한 과거사를 밝히고 싶어서가 아니었다. 2018년에 처음 핀란드를 방문한 이후로 나는 북유럽을 무조건 동경하는 쪽도, 그런 사람들을 무작정 비판하는 쪽도 모두 바람직하지 않다고 생각하게 되었다.

'우리나라는 이런저런 면에서 너무나 뒤떨어져 있다.'

'어느 나라는 이런저런 면이 뛰어나다.'

'우리나라도 그 나라를 본받으려 노력해야만 한다.'라는 식의 이야기는 근대화 이후 계속해서 일본인들이 하는 이야기다.

아니, 이와 비슷한 경향은 분명 한국이나 중국, 대만에도 있을 것이다. 유럽과 미국은 그야말로 문명의 상징이니까. 수 세기에 걸친 침략과 식민지 지배 그리고 착취에도 불고하고 그 나라들이 만들어낸 인권과 민주주의라는 사상은 침략과 식민지 지배와 착취의 결과로서 전 세계에 퍼져나가 세상을 지배해 왔다. 그렇기에 침략과 식민지 지배와 착취로 인해 뒤처진 나라들이 문명의 상징이 된 나라를 따라잡고 추월하려 혈안이 된 것도 무리는 아니다.

원래 남의 집 잔디가 더 푸르게 보이는 법이다. 그리고 남의 집 잔디가 푸르고 예쁘니, 우리 집 잔디도 푸르게 되도록 노력하자는 생각 자체는 비난받을 일이 아니다.

그렇게 따라잡고 추월하려는 태도를 못마땅하게 여기는 사람들의 마음도 이해는 간다. 남의 집 잔디가 푸르다고 해서 뭐 어쩌라고. 아니, 어쩌면 '그 집 잔디가 푸른 건 이런 나쁜 짓을 했기 때문이야.'라든가 '그 집은 잔디만 퍼렇지, 담장은 엉망이라고.'라고 생각할지도 모른다. '쟤가 칭찬을 받고는 있지만, 사실 그렇게 대단한 건 아니다.'라고 말하고 싶을 수도 있다.

하지만 어떤 생각을 하고, 어떤 주장을 하더라도 솔직히 진짜 관심이 있는 건 '우리나라'와 '우리'다. 진짜로 유럽이나 미국 그 자체에 관심이 있는 건 아니다.

상대가 우리보다 뛰어나다거나, 우리가 뒤떨어지는 것

이 아니라, 단지 다른 것이라고 생각하면 어떨까. 그 차이에 때로는 화가 나기도 하지만 때로는 재미있기도 하다.

나는 핀란드에 온 지 불과 얼마 되지 않았을 때부터 우리와는 다른 다양한 가치관에 큰 재미를 느꼈다. 물론 가끔은 '뭐지?' 싶을 때도 있다.

그래서 다른 사람에게도 그 재미(와 '뭐지?' 싶은 점)를 알려주고, 사람들이 함께 재미있어 했으면 좋겠다. 만약 재미가 없다면 내가 착안한 부분이 아쉽게도 그리 예리하지 못했다는 뜻일 것이다.

1

헬싱키,
미지의 여행

빛이 더 잘 반사되는
옷을 입지 않으면 위험해요.

- 이주 지원 담당자, 비사

유키와 구마가 함께 핀란드에 온 것은 이번이 두 번째였다. 아직 유키가 네 살이고 구마가 만한 살도 되지 않았을 무렵, 내 여동생과 나는 유키와 구마를 데리고 넷이서 처음으로 핀란드에 왔다.

밤에 헬싱키 공항에 도착했는데, 헬싱키에서 최종 목적지인 이위베스퀼레까지는 전철로 두 시간이 넘는 거리였다. 그래서 도착 당일에는 공항 근처의 호텔에서 하룻밤을 자기로 했다. 가격치고는 제법 깔끔한 호텔이었는데, 아이들이 놀 수 있는 공간과 사우나도 있었지만, 아쉽게도 다들 지쳐 그날은 바로 쉬어야 했다.

그날 밤 10시쯤, 유키가 침대에서 떨어졌다. 침대는 생각보다 높았고, 바닥은 딱딱했다. 떨어지면서 머리를 부딪힌 유키는 아프다며 엉엉 울었다. 만져 보니 머리에 혹이 나 있었다. 머리를 부딪혔을 때 아이가 울면 안심해도 되고, 울지 않거나 의식이 없으면 위험하다고 들은 게 생각나서 이 정도면 괜찮겠지 생각했던 나는 유키에게 얼른 자라고 했다.

그런데 15분쯤 지나자 유키가 속이 울렁거린다고 하더니 갑자기 토를 했다. 유키는 저녁 식사는커녕 기내식도 맛이 없다고 제대로 먹지 않았던 터라 토를 해도 나올 만한 것이 없었다. 그런데도 자꾸만 속이 메슥거린다며 구역질을 했다. 그러더니 목이 아프다, 머리가 아프다 하면서 울기 시작했다.

그러자 나도 점점 걱정되기 시작했다. 여동생과 상의한 끝에 일단 호텔 프런트에 말해 보기로 했다. 깊이 잠들어 있는 구마를 여동생에게 맡기고, 나는 유키를 데리고 프런트에 갔다.

프런트에 있던 담당 직원은 크게 걱정하더니 놀랍게도 곧장 구급차를 불러 주었다. 이제 와 생각해 보면 굳이 구급차까지 부를 만큼 큰일은 아니었지만, 그 당시에는 유키가 토하기 시작한 지 20분 정도 지난 시점이었고, 유키가 중간중간 계속 토를 하다 더는 토해낼 것이 없어 위액을 뱉어내고 있는 상황이라 나도 어찌할 바를 몰랐다.

15분 정도 지나 구급차가 도착했다. 구급대원은 20대 후반에서 30대 초반쯤의 남성으로, 평소에 사람 얼굴을 잘 구분하지 못하는 내가 보기에도 잘생긴 사람이었다. 내가 그에게 쭈뼛거리며 상황을 설명하자 그는 의자에 축 늘어져 있던 유키 옆에 쭈그려 앉아서 영어로 "앉을 수 있어요?"라고 물었다(그래서 내가 유키와 구급대원의 말을 통역했다). 유키가 일어나 앉자, 구급대원은 유키의 머리를 조심스럽게 만지더니 눈꺼풀을 들어 올려 동공을 확인했다.

"몇 가지 질문을 할게요. 이름이 뭐예요?" 그러자 유키가 갑자기 씩씩한 말투로 "우리 아빠 이름은 못칭이에요!"라고 대답했다. 구급대원은 살짝 미소를 짓더니 "저녁 식사 때 뭘 먹었는지 기억나요?"라고 물었다. 그러자 유키가 한층 더 씩씩한 표정과 말투로 "비행기 안에서 카레가 나와서 먹고 싶었는데, 매워서 못 먹었어요!"라고 대답했다. 그 말에 나는 웃음이 나올 뻔했지만, 일단은 구급차를 부른 입장이었기에 마음 편히 웃을 수가 없었다. 내가 유키의 말을 통역했더니 구급대원도 웃음을 터뜨렸다.

다 웃고 난 그는 "아무 문제도 없습니다. 가벼운 뇌진탕으로 보이네요. 만약 내일 아침에 눈을 뜨지 않거나 또다시 토할 기색이 보이면 언제든지 연락하세요."라고 말했다. 네, 그렇겠지요. 아무 문제 없겠지요. 그런데 난 왜 그렇게 어쩔 줄 몰라 한 것일까…….

마음이 놓이자 또 다른 불안이 나를 덮쳤다. 구급차를 출동시키다니, 이 나라에서는 구급차 비용이 얼마나 나올까. 미국에서는 엄청 비싸다고 들은 것 같은데. 여행보험이 적용되려나. 보험 절차는 어떻게 되지?

속으로 그런 고민을 하고 있는데, 구급대원이 "출동 요청 기록에 필요하니 여권을 보여 주십시오."라고 말했다. 유키를 데리고 구급대원과 함께 객실로 돌아가 가방에 있던 여권을 꺼내 보여 주었다. 걱정하며 기다리고 있던 여동생에게도 다행히 별문제 없었다고 이야기해 주었다.

구급대원은 내 이름과 여권번호를 기록하더니 "오늘은 이것으로 끝입니다. 수고하셨어요."라고 말했다. 그는 다시 "아이들은 가끔 스스로 위험하게 행동할 때가 있지요. 하지만 오직 그런 경험을 통해서만 배울 수 있는 점도 있답니다."라고 말하더니 "아, 그리고 오늘 출동 비용은 무료입니다. 핀란드에는 보험이 있거든요. 그럼 몸조심하세요. 모이 모이Moi Moi(핀란드에서 헤어질 때 하는 인사-역주)!"라고 인사하고는 휙 가버렸다.

사랑에 빠지는 줄 알았다. 생각지 못한 보험에.

그때는 '저 구급대원, 좋은 말을 해주네. 보험뿐만 아니라, 아이의 부상에 대해서도 말이야.'라고 생각했다. 하지만 지금 돌이켜 생각해 보니 만약 일본에서 남의 아이에게 저런 소리를 했다면 트위터나 SNS에 올라가고 그 밑에 악성 댓글이 수두룩하게 달렸을 것 같다.

그다음 날, 우리는 전철을 타고 이위베스퀼레에 갔다. 호수 바로 옆에 자리한 근사한 숙소에 들어가서 10초도 채 되지 않아 구마가 방에 비품으로 놓여 있던 램프를 산산조각 내버렸다. 덕분에 내가 핀란드에 와서 가장 먼저 한 일은 '방에 놓여 있던 램프를 깨뜨렸습니다.'라고 숙소 관리회사에 사과 메일을 쓰는 일이 되어버렸다. 그러자 '보험에 가입되어 있어 괜찮습니다.'라는 답장이 돌아왔다. 이번에도 또

보험 덕분에 살았다. 보험아, 정말 고마워. 너는 정말 든든하구나.

그 후 나는 업무와 관련된 학회에 참석해 발표를 하고, 불똥처럼 사방으로 튀는 아이를 둘이나 데리고 친목회에도 참석했다. 일본에서 오신 다른 일행이 친목회에 아이를 데려갈 생각이라면 자녀 동반이 가능한지 먼저 확인해 봐야 하지 않겠냐고 말씀하셨다. 친목회는 원래 사람들로 북적이는 자리니 상관없지 않을까 싶었지만 일단 학회 사무국 직원에게 '만 한 살이 되지 않은 아이와 네 살짜리 아이가 있는데, 데리고 가도 될까요?'라고 물어보았다.

그러자 사무국 직원이 희한하다는 듯한 표정으로 내게 "지금 갑자기 아이돌보미를 구하는 것은 불가능한데, 그래도 괜찮으시다면."이라고 말했다. 오, 이런 식의 반응이라면.

그녀의 대답도 긍정적이었지만, 무엇보다 왜 아이를 데려가는 일에 그토록 신경 쓰는지 모르겠다는 듯한 그녀의 표정에 나는 마음이 편해졌다. 그렇다고 이 사람이 특히 아이에게 상냥한 사람은 아닐 것이다. 다만 아이의 존재를,

혹은 아이를 데리고 있는 나를 개의치 않는 것이었다.

그 후 다른 파티에서도, 내가 이리저리 뛰어다니는 아이들에게서 눈을 떼지 못하고 있었더니 현지 직원이 "즐기기 위해 참석한 파티에서 왜 그렇게 아이들만 신경 쓰고 계세요?"라고 물었다. 그 자리에서는 "애들이 다치면 안 되니까요."라고 대답했지만, 사실 그 말은 60% 정도 거짓이었다.

아이들을 신경 쓰지 않았다가 괜히 '나쁜 엄마'로 보이거나, 어디 사는 누군가에게 어떤 식으로든 불평불만을 들을지 몰라 걱정된 것이었다. 무슨 말을 하든 그냥 맞받아치면 되지만, 영어로 그 자리에서 받아칠 자신이 없었다. 그래서 '나쁜 엄마'로 보이지 않기 위해 나는 더 적극적으로 아이들을 확인하고 있었던 것이었다……는 것이 정확할 것이다.

내게 그렇게 물었던 직원은 표정 하나 변하지 않은 채 "목숨이 왔다 갔다 할 만큼 심하게 다칠 수도 있는 곳에서 파티하고 있는 게 아니잖아요.", "오늘 사용한 식기는 전부 종이 접시와 종이컵뿐이에요. 테이블이 쓰러지더라도 버려질 음식이 아까운 거지, 사람이 다칠 만한 뜨거운 음식이나 날카로운 도구는 없으니 안심하세요."라고 말했다. 그 말을 듣고 나는 아이들이 다치지는 않을까 혹은 아이들을 핑계 삼아 누군가가 나를 비난하거나 공격하지 않을까 하는 걱정에서 해방되었다. 누구도 나에게 관심이 없고, 누구의 시선도 받지 않는 것이 이리도 마음 편할 줄이야.

그렇게 아이들이 없었다면 겪어보지 못했을 경험을 한 후, 핀란드에 대한 내 인상은 매우 좋아졌다. 좋아졌다기보다 사실 그전까지는 핀란드에 대해서는 어떤 인상도 갖고 있지 않았다.

그곳에서는 누구도 나에게 신경 쓰지 않는다. 아이들이 떠들어대거나 이리저리 뛰어다녀도 아무도 그런 일로 동요하지 않는다. 지나가던 사람이 갑자기 내게 고함을 치거나 화를 내는 일도 없다. 그리고 혹시라도 무슨 일이 생기면 틀림없이 보험이 도와주겠지.

• • •

내가 헬싱키 반타 국제공항에 도착한 날은 2020년 1월 31일이었다. 처음 한 달 반 동안 나는 직장과 업무에 적응해야 했다. 그뿐만 아니라 아이들과 살 집을 정하고, 어린이 집을 찾아보고 가구를 주문해서 아이들이 도착했을 때 평소처럼 생활할 수 있도록 만반의 준비를 해야 했다.

새 직장에서는 나의 이주와 관련된 기본적인 지원을 다른 업체(A사라고 하자)에 위탁했다. 지금까지 A사의 담당자와 이주와 관련해서 메일로 내용을 주고받았는데, 연말에 그 사람이 회사를 그만두는 바람에 비사라는 새 담당자와 메일을 주고받게 되었다. 그렇게 나는 2월 1일에 비사 씨와 인터내셔널 하우스 헬싱키International House Helsinki라는 관공서 앞에서 만나 주민등록을 한 다음, 함께 은행에 가서 계좌를 개설하게 되었다.

사실 메일을 주고받는 과정에서 나는 '비사'라는 이름만 듣고 그를 나와 비슷한 또래의 여성일 것이라 지레짐작했다. 하지만 2월 1일 아침에 인터내셔널 하우스 헬싱키의 입구 앞에서 날 기다리고 있던 비사 씨는 나와 또래이기는커녕 나보다 훨씬 어려 보이는 체구가 큰 남성이었다.

주민등록과 은행 계좌 개설 작업을 순조롭게 끝마친 뒤, 비사 씨는 나를 직장까지 데려다주었다. 인사과 직원을 만나고, 앞으로 함께 일하게 될 동료들과 인사를 나눈 뒤, 나는 그들과 함께 근처에 있는 중동식 레스토랑에서 점심을 먹었다.

식사 중에 동료인 아다 씨에게서 아이들에 관한 질문을 받았다. 내가 딸 한 명과 아들 한 명이 있다고 했더니 아다는 핀란드에서 여성이 얼마나 아이들을 강하게 키울 수 있는지 열성적으로 이야기해 주었다.

"오케이. 네 딸은 강하게 자라게 될 거야. 누구에게나 제대로 된 대접을 받을 수 있게 말이지. 우리 여성들은 모든 것을 원해. 존엄, 돈, 시간적 여유, 안정된 직장, 원한다면 배우자와 가정 그리고 매입 가능한 가격의 집까지 말이야. 그걸 전부 성취해 보자고!"

확실히 아다 씨는 겉보기에도 강해 보였다. 그런 생각이 잠시 들었지만, 돌이켜 보면 나역시 꽃처럼 아름다웠던 사춘기 고등학생 시절에 부 활동을 함께 했던 남자아이에게 '강해 보인다'라는 말을 들었다. 그러니 남에게 쉽게 할 수 있는 말은 아니다.

인사과에서 일하는 엘레나 씨가 "더 궁금한 건 없어요?"라고 물었다. 그래서 나는 내가 가장 어려워하는 분야, 즉 화장과 패션에 대해 물어보았다.

"일본에서는 직장에 어울리는 옷차림이나 화장법이

있는데, 직종마다 큰 차이가 나거든요. 핀란드에서는 어떤 가요?"

엘레나 씨는 조금 당혹스러운 표정을 지었지만, 순순히 답해 주었다.

"보통 옷을 겹쳐 입어요. 얇은 옷을 겹쳐 입는 편이 따뜻하기도 하고, 더워졌을 때 쉽게 벗을 수 있으니까요."

그러더니 "요즘 같은 시기에는 아직 일조시간이 짧아서 어두우니 밖에 다닐 때는 빛이 잘 반사되는 옷을 걸치는 게 좋아요. 그리고 잘 미끄러지지 않고 물이 잘 스며들지 않는 신발을 신는 것을 추천해요."

'내가 원한 건 그런 이야기가 아니라고. 그건 옷차림이 아니라 안전 대책이잖아.'

그 말을 듣고 주위를 둘러보니 정말 사람들이 대부분 소위 말하는 '형광 조끼'를 입고 있는 것 같았다. 물론 도로를 공사하는 인부나 어린이집 교사나 어린이들처럼 눈에 잘 띄어야 하는 사람도 입고 있었지만, 다른 사람들도 그런 색의 옷을 입고 있었다. 아무리 세련된 옷을 입어도 그 위에 형광 조끼를 걸치니 애써 멋을 낸 것도 허사가 되었다.

이 밖에도 장갑이나 구두, 자전거 헬멧이 형광색이거

나 빛을 반사하는 소재인 경우도 있었다. 신체 한 부위에 반사재를 붙인 사람도 있었다. 아, 이게 진정한 북유럽 패션인가…… 정말 촌스럽네.

하지만 나중에 아파트를 보러 갈 때 동행해 준 비사 씨도 내게 "다른 사람의 복장이나 외모에 대해 언급하는 건 매우 실례되는 행동이지만, 좀 더 빛이 반사되는 옷을 입지 않으면 위험합니다."라고 조심스럽게 당부했다. 역시 빛이 반사되는 옷을 입는 게 이곳 스타일인가.

· · ·

지금부터는 어린이집에 대해 이야기해 보려 한다.

어린이집이라고 말은 했지만, 사실 핀란드에서는 어린이집과 유치원이 따로 구분되어 있지 않다. 의무교육이 시작되기 전에 다니는 곳을 통틀어 '조기 아동 교육 케어'라 부른다. 모두 국가교육청이 관할하는 '미취학 아동 교육 및 보육ECEC, Early Childhood Education and Care' 시설이 여기에 속한다.

핀란드 국가교육청에 따르면* 부모의 육아 휴직을 마

---

* "What is early childhood education and care?"

친 후, 아이는 '미취학 아동 교육 및 보육' 시설^{Päiväkoti}(어린이집
과 유치원이 통합된 시설)이나 집단 가정 보육^{Ryhmäperhepäiväkoti}(복수
의 가정의 어린이를 여러 명이 보육하는 것), 소그룹 보육^{Kerhotoiminta}(2~5
세 아동이 시내의 공원이나 어린이집 등에서 하루에 세 시간, 일주일에 1~4
일간 참가할 수 있는 클럽 활동) 등 세 가지를 이용할 수 있다. 또 세
살 미만인 아이를 가정에서 보육할 때도 일정 금액을 보조받
는다.•

    이러한 시설들은 기본적으로 지자체가 직접 운영하거
나 지자체의 보조를 받는다. 오래 전부터 점진적으로 확립
되어 온 다양한 보육·유아교육의 형태가 1973년에 제정된
아동보육법에 따라 지자체가 제공하는 서비스의 일환으로
서 일원화되었다고 할 수 있다.••
    일본과 가장 큰 차이는 아이가 어린이집에 가는 이유
다. 아이들이 시설에 들어가는 것은, 보호자인 부모가 일을
하기 때문이 아니라 아동이 교육받을 권리를 가지고 있기

- Helsingin Kaupunki, "Varhaiskasvatuksen vaihtoehdot"
- 다카하시 무쓰코(高橋睦子) 《네우볼라 핀란드의 출산·육아 지원》가모
가와출판, 2015년, p.105

때문이다. 바꿔 말하면 어린이집에 들어가기 위해 어린이가 '제대로 된 보육을 받지 못하는' 상태에 놓여 있다는 점을 드러낼 필요가 없다. 부모가 학생이든 전업주부든 근로자든 간에 모든 어린이는 기본적으로 보육을 받을 권리가 있다. 즉, 지자체는 보육 환경을 정비해야만 한다.

나는 유키를 낳았을 때는 생후 3개월, 구마를 낳았을 때는 생후 2개월 만에 아이를 어린이집에 맡기기 시작했다. 다만, 구마는 어린이집에 들어갈 수 없는 상황이어서 생후 8개월이 될 때까지 한시적으로 돌봄 서비스를 이용했다. 이토록 어린 나이부터 아이를 어린이집에 맡겨야 했던 가장 큰 이유는 만 0세 때부터 아이를 어린이집에 보내지 않으면 나중에 보내고 싶어도 자리가 없을 가능성이 크기 때문이었다. 이 또한 어린이집이 노동자의 노동을 지원하는 시설 및 서비스라는 것을 의미한다. 부모가 일을 하는 경우에는 제도상 이른 나이부터 아이를 맡길 수 있다.

반대로 핀란드에서는 남성과 여성 모두에게 출산 휴가가 주어지며, 출산 휴가와 육아 휴직 기간도 길다. 여성의 출산 휴가는 근무일 기준 105일로, 첫 56일간은 급여의 90%, 그 후에는 70%가 지급된다. 육아 휴직은 부모 중 한 명 혹은 두 명 모두 가능하며, 여성의 출산 휴가가 끝난 후부터 근무일 기준 158일간 쓸 수 있고, 그동안 급여의 70~75%가 지급된다.[*] 출산 휴가와 육아 휴직 기간을 모두 합치면 근무일 기준 263일, 거의 8개월이 된다. 즉, 지자체가 운영하는 보육 서비스를 이용할 수 있게 되는 것은 적어도 생후 9개월부터다.

핀란드에서 아이들은 6세부터 일 년 동안, 취학 전 교육(Esiopetus 또는 Eskari, Esikoulu라 부른다)을 받는다.[**] 취학 전 교육은 대부분 어린이집에서 실시하지만, 모든 어린이집에서 실시하는 것은 아니었다. 그렇기에 원래 2020년 3월에 어린이집을 졸업하고 초등학교에 입학할 예정이었던 유키는 헬싱키의 어린이집에서 취학 전 교육을 받고, 구마는 어린이집에 입소하게 되었다.

나는 11월에 아이들이 다니게 될 어린이집 관련 서류를 제출했다.

- [*] 핀란드 대사관 공식 웹사이트 '핀란드의 육아 지원'
- [**] 2021년부터 취학 전 교육은 5세에서 7세까지 2년간으로 연장되었다.

- 아이의 이름, 생년월일, 주소, 모국어(핀란드어인지 스웨덴어인지 또는 그 밖의 언어인지)

- 보호자의 이름, 생년월일, 주소

- 희망하는 어린이집 다섯 곳

- 어린이집에 보내고 싶은 요일과 시간

- 종교나 알레르기 등

필요한 사항을 적어야 하는 서류를 유키와 구마 앞으로 각각 따로 작성해 제출했다.

세대가 같으니 서류를 하나만 제출해도 되지 않을까 잠시 생각했지만, 이 또한 어린이집이 '세대의 노동자가 자녀를 맡기기 위한' 시설이 아니라, '어린이 개개인이 교육과 보육을 받기 위한' 시설이기 때문이지 않을까 하고 나 자신을 설득했다. 하지만 번거로운 건 사실이었다.

헬싱키시뿐만 아니라 핀란드 전역에서는 4개월 전까지 어린이집 입소 신청을 하도록 장려하고 있다. 다만, 직장이나 가정의 사정 등으로 보육이 긴급한 경우에는 지자체가 신청일로부터 2주일 안에 어린이집을 찾아 주어야 한다. 그렇기에 정의상으로는 대기 아동이 존재할 수 없다. 어디까지나 정의상으로는 말이다.

구마는 일본에서 여름에 태어났다. 두 달 동안의 출산 휴가를 마친 뒤, 중간 입소를 할 수 있는지 구청에 상담하러 갔다. 담당 직원은 매우 난처한 표정을 지으며 "거기에는 빈자리가 있을 것 같은데요."라고 말했다. 직원이 말한 어린이집은 우리가 살던 집에서 차로 가도 편도로 30분이나 걸리는 곳이었다. 더군다나 그곳은 내 출근길과 정반대 방향에 있었고, 유키가 다니는 어린이집과도 상당히 떨어져 있었다. 그러니 결국 '입소 가능한 어린이집'이라는 그곳은 내게 입소 가능한 곳이 아니었다.

이런 상태가 되어도 규정상으로 대기 아동이 발생하지 않는 셈이다. 어린이집에 들여보내려고 하면 어쨌든 들어갈 자리는 있기 때문이다.

이런 상황은 헬싱키에서도 벌어질 수 있었다. 나는 유키와 구마가 같은 어린이집에 다니기를 바랐다. 즉, 취학 전 교육을 받을 수 있는 어린이집에 둘이 함께 다녔으면 했다. 가능하면 집이나 직장 근처 혹은 출근길에 있는 어린이집이 좋았다. 물론 어린이집의 분위기나 선생님이 어떤지도 궁금했지만, 사전에 알아볼 수도 없으니 그 점까지는 신경 쓸 수가 없었다.

그런데 내가 희망한 어린이집 가운데 네 곳에서는 현재 빈자리가 없다는 답변을 받았다. 설마 헬싱키에서도 대기 아동 신세가 되는가 싶었지만, 이곳도 정의상으로는 대기 아동이 존재하지 않았다.

더 알아보니 직장 근처에 어린이집이 두 곳 있었다. 하지만 두 곳 모두 취학 전 교육을 하지 않았다. 그리고 핀란드에서는 새 학년이 8월 중순에 시작해 5월 말에 끝났다. 그렇다면 유키는 3월 중순부터 5월 말까지 급한 대로 취학 전 교육을 하지 않는 일반 어린이집에 다닐 수밖에 없다. 그렇게 하면, 적어도 유키는 8월 중순에 어린이집을 옮겨야만 한다. 게다가 나는 아직 살 곳도 정하지 못한 상태였다.

'뭐가 이렇게 복잡해!' 싶어 화가 났지만, 다른 선택지가 없었다. 그래서 나는 직장 근처에 있던 두 어린이집에 신청서를 제출했고, 두 곳에서 모두 입소 가능하다는 답변을 받았다. 그래서 지하철역과 버스 정거장에 더 가까운 곳으로 아이들을 보내기로 했다.

그러나 여전히 한 가지 문제가 남아 있었다. 바로 아이들과 함께 살 집이었다.

비사 씨의 말에 따르면 핀란드에서는 부동산 임대 사이트에 들어가 마음에 드는 물건을 고른 뒤, 전화나 인터넷으로 방문 신청을 하고, 방문일에 집을 둘러본 다음 마음에 들면 그 자리에서 신청서를 제출하는 것이 일반적이라고 했다. 그렇게 제출된 입주 신청서를 보고 집주인이 마음에 드는 사람에게 연락하면 그 사람이 입주하는 것이다. 그래서 나는 헬싱키에 도착하자마자 부동산 임대 사이트를 검색해 방문 신청을 하고, 방문일에 아파트에 가서 신청서를 제출했다.

하지만 집주인에게서는 좀처럼 긍정적인 답변이 오지 않았다. 비사 씨에게 듣기로는 집주인들은 핀란드에 은행 계좌가 있고, 신용도가 높은 사람을 선호한다고 했다. 하지만 신용도는커녕 아직 은행 계좌조차 없는 나는 어떻게 다른 사람을 제치고 계약을 맺을 수 있단 말인가. 집을 구할 때까지 호텔에 머무르고 있었는데, 아무리 직장에서 보조금이 나온다 해도 그 비용이 만만치 않았다. 나는 얼른 거처를 정하고 마음 편히 지내고 싶었다.

다섯 곳 정도를 돌아보고 신청서를 냈지만 아무런 연락도 받지 못하고 있을 무렵, 나는 한국인 직장 동료였던 지현 씨에게 고충을 털어놓았다. "살 곳이 좀처럼 구해지질 않아서 큰일이에요. 호텔에 머무르는 비용도 만만치 않은데, 이러다 계속 집을 못 구하면 어떡하지요. 하하."라는 식으로 말했던 것 같다.

그러자 지현 씨가 곧바로 이렇게 말했다. "그게 무슨 소리예요. 우리 회사에는 사택이 있어요!"

농담이겠지? 난 처음 듣는 이야기인데. 아니, 그걸 알았다면 처음부터 사택을 신청했지. 왜 아무도 그 말을 처음에 내게 해주지 않은 거냐고!

지현 씨는 "당장 이 사람에게 연락해 보세요. 그녀가 알아서 전부 처리해 줄 거예요."라며 메모지에 담당자의 이름과 메일 주소, 전화번호를 적어 내게 주었다. 점심시간에 그곳으로 전화를 걸었더니 담당자는 "어머, 그동안 고생했겠네요. 지금 바로 우리 부서로 오세요. 지금 우리 회사가 소유한 헬싱키 시내 아파트 중에 두 곳이 비어 있어요. 이리로 오시면 열쇠를 드릴 테니 둘러보고 마음에 드는 곳에 입주하세요."라고 했다.

열쇠를 받으러 간 나는 "사택이 있었으면 처음부터 말

씀해 주시면 좋았을 텐데……집을 구하지 못해 정말 애를 먹고 있었다고요."라고 말했다. 그러자 담당자는 "고생했겠네요. 하지만 어려운 일이 생겼을 때는 어려운 일이 있다고 말씀해 주셔야 해요. 그렇지 않으면 우리는 당신을 도울 수 없어요."라고 대답했다.

그건 맞는 말이었다. 나는 뭐든지 스스로 해결하고자 하는 자신감이 있었다. 뭐든지 스스로 판단하고, 스스로 생각하고, 되도록 혼자서 열심히 하려고 하는 것이 나의 장점이라 생각했다. 이번에는 이런 내 착각과 행동 습관이 단점으로 작용한 셈이었다.

어쩌면 되도록 혼자 노력해서 해결하겠다는 생각 자체가 잘못된 것일 수도 있다. 자립이란 타인에게 기대는 것이라는 점을 학창 시절에 배웠으면서도 말이다. 또 남에게 민폐를 끼치지 않으려고 애쓰는 것은 나 또한 남을 돕지 않겠다고 자만하는 것과 같은 일이라며 평소에는 그런 사람들을 그토록 바보 취급했으면서 말이다.

이곳에서는 어려운 일이 생겼을 때 이를 주변에 알리고 도움을 청하지 않으면 아무도 나를 도와주시 않지 않는 것인가. 어려움에 처하고도 도움을 구하지 않는 이유는 내가 사회와 사회 시스템을 전혀 믿지 않기 때문일까.

아니, 그렇다 해도 보통 핀란드에 막 입국한 사람에게 살 곳은 정해졌는지, 이런저런 어려움은 없는지, 알아서 챙겨줄 수도 있는 것 아닌가. 그런 배려가 전혀 없는 사회라니 참 냉혹하다.

그런 생각을 하면서 아파트 두 곳을 돌아보았다. 첫 번째 아파트는 시영 전철역 바로 앞에 위치해 많은 사람으로 붐비는 곳이었다. 두 번째 아파트는 가장 가까운 버스 정거장에서 내리면 눈앞에 밭이 펼쳐지고 그 너머로 숲이 보이는 곳이었다. 나는 망설이지 않고 두 번째 아파트로 정하고, 그 자리에서 바로 전화를 걸었다. "밭 한가운데에 있는 아파트로 할게요."라고 했더니 "저도 그곳을 추천해요. 헬싱키의 전원 지역이지요."라는 대답이 돌아왔다. 칭찬일까.

다음 날, 그동안 도움을 준 지현 씨에게 감사 인사를 한 뒤, 밭 한가운데에 있는 아파트로 이사하게 되었다고 전했다. 지현 씨는 내 말을 듣고 웃더니 "저도 그 동네에 산 적이 있어요. 그 동네는 사람보다 소가 더 많아요. 그래서 툭하면 소를 강조하지요."라고 했다. 그러고 보니 아파트 근처에 자리한 자전거 가게의 지붕에도 소 모양의 오브제가 놓여 있었다. 어쩌면 이른 봄마다 퇴비 냄새가 심하게 날지도 모르겠다.

5월이 되면 축사에 있던 소들이 밭으로 나온다고 했다. 밖으로 나온 소들은 신나게 밭 여기저기를 뛰어다니는 모양이다. 그 모습을 보기 위해 많은 헬싱키 사람들이 그 밭으로 몰려든다고 한다. 즐길 거리가 얼마나 없으면 소를 보러 몰려들까. 하지만 괜찮다. 이로써 아이들이 낮에 시간을 보내고, 밤에는 우리 셋이 편하게 잠들 수 있는 공간이 결정되었다.

• • •

그 후, 2020년 3월부터 5월까지는 팬데믹으로 각종 공공서비스가 일시적으로 폐쇄되거나 뭐든지 예약제로 운영되었다. 우리가 5월 중순부터 9월 초까지 교토로 돌아오기도 했기 때문에 나와 아이들의 주민등록을 마친 것 말고는 아무것도 할 수 없었다. 결국 이주 관련 절차는 2020년 가을에나 진행되었다.

9월에 남편이 헬싱키에 왔을 때, 나는 남편의 주민등록을 끝마치고 싶었다. 내 주민등록은 2월에, 아이들의 주민등록은 3월에 이미 마쳤지만, 본인이 오지 않으면 등록을 해주지도 않고, 주민등록을 할 수 있는 인터내셔널 하우스 헬싱키도 3월 18일부터 5월 13일까지 폐쇄된 상태였다.

그후에는 우리가 교토에 가있었기 때문에 좀처럼 주민등록 절차를 마무리 지을 수가 없었다.

매번 똑같은 서류(호적 원본+아포스티유 인증, 호적 번역본+아포스티유 인증, 개개인의 여권과 거주허가증, 내 고용계약서)를 챙겨 가야 하는 것이 번거로웠지만, 어쩔 수 없었다. 왜 한 번에 가족 전원을 등록해주지 않는지, 왜 본인이 반드시 가야만 하는 건지도 잘 모르겠다. 너무 엄격하다. 일본에서는 주민등록등본의 전출입 신고도 세대주 혼자 가서 전부 할 수 있었는데 말이다.

그렇게 마음속으로 불만을 토로하고 있는 와중에 창구에서 불러서 가봤더니 "이 번역본은 사용하실 수 없습니다."라고 했다. 불만에 낭패감이 더해 놀라울 따름이었다. 알고 보니 우리가 제출한 호적의 번역본이 핀란드 정부가 인정한 정식 번역가가 작성한 것이 아니라서 수리할 수 없는 모양이었다. 설명에 따르면 일본에서는 당연히 핀란드 정부가 인정한 정식 번역가를 고용할 수 없다는 정도는 안다. 그러니 지금 헬싱키에서 다시 정식 번역가에게 의뢰해 새로 번역한 호적을 제출하라는 내용이었다.

아니, 뭐라고? 그걸 지금 말해주는 거야? 작년에 일본에서 거주허가증을 취득했을 때는 이 서류와 번역본만 있으면 된다고 했잖아! 내가 이렇게 말했더니 그건 핀란드 정부가 발행하는 거주허가증에 필요한 번역본과 아포스티유고, 이것은 헬싱키시에 주민등록을 하는 것이므로 전혀 관계없다라고 했다.

"아니, 하지만 2월에는 제가 등록을 했고, 3월에는 우리 아이들이 오늘과 똑같은 서류를 제출했어요. 그리고 그때는 별말 없이 2주일 후에 등록되었다고 연락받았는데요? 그럼 이번에도 가능한 거 아니에요? 왜 이번에만 안 된다는 거예요?"라고 버티자 창구 직원이 "어머, 이상하네요. 그러고 보니 어머님과 자녀분들은 정상적으로 등록되어 있네요. 이게 어떻게 된 거지?"라고 했다. 오케이, 계속 우겨 보자.

"제 말이 맞지요? 그때는 아무 문제 없이 잘 등록을 해주셨다고요! 그러니까 괜찮은 거 아니에요? 한번 알아봐 주세요. 잘 부탁드립니다! 기도스 팔리온Kiitos paljon(고맙습니다)!"
라고 부탁하고 집으로 돌아왔다.

집에 막 도착하자마자 그 창구 직원에서 전화가 걸려
왔다. 떨리는 마음으로 전화를 받았더니 그 직원이 말하길,
"어머님과 자녀분들의 주민등록 말인데요, 3월에 여러분의
주민등록을 수리한 하이디라는 직원이 일본어를 읽을 수
있어서 여러분의 가족관계 호적에 문제가 없다는 점을 알
았나 봐요. 이번에도 똑같은 서류를 제출하셨고, 여기 있는
하이디에게 확인을 받았어요. 새로 번역해서 제출하지 않
아도 됩니다."라고 했다.

아니 뭐 이런 일이 다 있담. 하이디, 정말 고마워요. 하
지만 정말 이렇게 넘어가도 되는 거야? 정말 괜찮은 거야?
가르쳐 줘, 할아버지!(애니메이션 '알프스 소녀 하이디'의 일본 오프
닝곡 '가르쳐 줘'의 가사-역주)

여우에 홀린 것 같은 기분이었지만, 3주 정도 지나 헬
싱키시에서 남편도 무사히 주민등록이 되었다는 편지를 보
내왔다. 아마도 헬싱키시 측에서 봤을 때, '제출한 서류의
일본어와 영어가 일치한다는 사실을 증명할 수만 있으면'

집 주변에서 많이 보이는 소들

처리된다는 의미였겠지. 어쨌든 무사히 등록을 마쳐서 마음이 놓였다.

주민등록 다음으로 필요한 것은 경찰에서 발행하는 신분증명서ID였다. 이곳에서는 병원 예약이나 예방접종, 학교 입학이나 시영주택 신청, 초등학교 보육 신청 등을 전부 온라인으로 처리할 수 있다. 하지만 온라인 신청을 하려면 은행 계좌와 연동된 은행 ID가 있어야만 한다. 그러니까 여기에 살기 위해서는 은행 ID가 필요했다.

은행 ID를 발급받으려면, 먼저 경찰에서 발행하는 ID를 발급받은 후, 은행 창구에서 자신의 계좌와 연동하는 절차를 밟아야 하는것 같았다. 경찰에서 ID를 발급받는 방법을 알아보기 위해 헬싱키시 경찰의 온라인 서비스 페이지에 들어가자 '당신의 은행 ID를 입력해 주세요.'라고 적혀 있었다. 아니, 그러니까 그게 가능했으면 애초에 경찰 사이트에 들어오지 않았겠지요.

결국 가까운 경찰서에 전화해 보았더니 "그러면 경찰서로 직접 와 주셔야 합니다."라고 했다. 그리고 경찰서는 헬싱키 시내에 한 곳밖에 없었다. 수도에 경찰서가 이렇게 적어도 되는 건가?

결국 헬싱키시 경찰서 창구는 너무 붐빌 것 같아서 인근 지역인 에스포시의 경찰서까지 가서 ID카드를 신청했다. 여권과 증명사진, 거주허가증을 지참하고 창구에 가서 "외국인용 ID 카드를 발급받고 싶은데요."라고 말하고 비용을 내면 끝이었다. 원래는 2주일 정도 걸리는데, '카드를 만들 플라스틱이 없다.'라는 어처구니없는 이유로 4주나 기다려야 한다는 답을 들었다.

그런 일로 일이 늦어진다고? 이제껏 들어본 변명 중에 최악의 수준이라는 생각이 들었지만, 다른 선택지가 없었기에 기다리기로 했다. 그리고 3주쯤 지나 에스포시 경찰로부터 카드가 발급되었다는 문자가 왔다.

다시 경찰서로 가서 ID카드를 수령하고 나서야 드디어 은행에 가서 은행 ID를 만들 수 있었다. 그때는 이미 9월이 되어 있었다.

봄에는 문을 닫았던 은행 창구가 이제는 열려 있었다. 접수처 앞에서 어슬렁거리며 차례를 기다리고 있었는데, 쉰 살쯤 되어 보이는 여성이 중국어로 말을 걸어왔다. 내가

"중국어 못해요."라고 중국어로 말하자 "지금 중국어로 말했잖아요."라는 대답이 돌아왔다. 이번에는 "그 문장밖에 몰라요."라고 영어로 대답했더니 그녀가 웃으며 가까이 다가왔다.

"중국인 아니에요? 그럼 한국인? 아니면 일본인?"

"양쪽 다예요."

"그렇구나! 학생이에요? 혹시 최근에 헬싱키에 왔어요?"

"뭐, 비슷해요."

"그렇구나. 난 중국에서 이곳에 온 지 벌써 5년 정도 됐어요, 혹시 주민등록은 했어요?"

"네, 간신히요. 정말 번거롭더라고요."

"정말 귀찮지요? 등록하는 데에 2주일이나 걸리니까요. 느긋하게 기다리는 수밖에 없어요. 여기는 정말 뭘 하든 오래 걸린다니까."

"그런 것 같더라고요."

"오늘 은행 계좌를 만들러 왔나 봐요? 그것도 2주일 정도 걸리는데. 지금 하면 코로나인가 뭔가 하는 것 때문에 더 오래 걸릴지도 몰라요."

나는 그녀와 이런저런 이야기를 나누면서 슬슬 대화가 끝나길 바라는 심정으로 시계를 흘낏거렸다. 그런데 그때 아주머니가 "그런데 아가씨는 몇 시부터 기다렸어? 나는 아까 접수처에서 40분을 기다리라고 하던데, 아가씨 앞에는 몇 명이나 있어?"라고 물었다. 내가 "저는 20분 전에 왔는데, 그때는 제 앞에 일곱 명 있었어요. 이제 두 명 남았어요."라고 대답하자 아주머니는 "그렇구나! 그러면 여기서 기다려야겠네. 아가씨도 이리 와."라며 나를 불렀다. 난 가고 싶지 않다고요.

오랜만에 낯선 사람이 이렇게 바싹 다가오니 조금 부담스러웠다. 그런 내 마음을 헤아려 주었으면 하는 생각이 들었지만, 이런 사람들은 절대로 헤아려 주지 않는다. 그럼 뭐, 어쩔 수 없지만.

나는 이제껏 살아오면서 길거리에서 헌팅 같은 것을 당해본 적이 없다. 그 대신 나보다 한두 세대 위인 사람들이 말을 걸어올 때가 많았다. 하지만 설마 헬싱키에서까지 이런 경험을 하게 될 줄은 몰랐다. 어쩌면 나에게 나이가 지긋한 유령이 붙어 있어 비슷한 세대의 사람들을 끌어당기는 건지도 모르겠다. 그런 생각을 하며 아주머니 옆에 앉으려던 그

때 마침 창구에서 내 이름이 불렸다. 아주머니, 짜이지엔再見!

이 기나긴 과정을 거쳐 나는 드디어 은행 ID를 손에 넣었다. 이로써 아이들의 예방접종도 예약하고, 유키의 초등학교 입학 절차도 밟을 수 있게 되었다.

그 후 나는 핀란드의 운전면허증을 손에 넣고자 했다. 핀란드에 입국한 지 2년 이내라면, 일본 면허증과 핀란드 면허증을 교환해 준다는 것 같았다(나중에 재핀란드 일본대사관에 내 면허증이 보내지고, 대사관에서 이를 내게 돌려준다).

이를 위해 나는 일단 건강진단서를 받으러 갔다. 병력에 관한 질문을 받았고, 시력과 청력, 혈압 검사를 하면 끝이었다. 특히 음주와 관련한 질문 중에 "술을 마시는 빈도는?"이라는 항목이 있었다. "요리에 사용한 술을 제외하면 최근 반년간 마시지 않았습니다."라고 대답했더니 의사 선생님이 웃음을 터뜨렸다. 그리고는 세상에는 굳이 술을 마시지 않아도 취한 것처럼 노는 사람도 있다고 말했다.

자, 이제 건강진단서와 증명사진을 챙겨 집 근처의 운전면허센터에 가면 되겠지. 라고 생각하던 와중에 일본어로 적힌 면허증은 법정 번역가의 핀란드어 번역이 필요하다는 사실을 깨달았다. 또다시 번거로운 과정을 거쳐야 한다.

일단 번역가부터 찾아야 하고 그때까지는 운전할 수도 없으며, 오른쪽이 운적석인 일본과 달리 왼쪽이 운전석인 것도 두렵고…… 오히려 급히 운전해야만 하는 상황이라면 차라리 핀란드의 운전학원에 다니는 편이 나았을지도 모른다. 하지만 운전학원에 다니려면 단순히 면허를 교환하는 것보다 비용이 열 배나 든다.

그런 생각을 하던 차에 재핀란드 일본대사관에서 면허 번역과 그 번역의 아포스티유를 발급해 준다는 사실을 알게 되었다. 다만 어째서인지 거기에 드는 비용은 오직 현금 결제만 가능하고, 거스름돈도 돌려주지 않는다고 정해져 있었다. 이런 부분만 꼭 일본문화를 따르기는.

일본문화라는 말이 나와서 말인데, 일전에 상사가 "아, 맞다. 사라 씨. 혹시 공식 도장을 찍어야 할 일이 있을 때는 인사과에 가서 부탁하면 돼!"라고 가르쳐 준 적이 있었다. 그것참 감사합니다.

도장도 참 일본스러운 문화다. 2019년에 일본의 인감 제도·문화를 지키는 의원 연맹이 있다는 사실이 뉴스에 보도된 적도 있었다. 소위 '일본문화'라 일컬어지는 것들은 대부분 최근 40년 사이에 생긴 것이다.

. . .

아이들을 재우다 문득 이런 생각이 들었다. 나는 핀란드어를 제대로 할 줄 모르고, 핀란드어를 잘 아는 친구나 배우자가 있는 것도 아니다. 핀란드에 이렇다 할 흥미나 애정이 있는 것도 아니었다. 그런데도 이렇게 핀란드에 와 버리다니. 그리고 앞으로 쭉 이곳에 살려고 한다. 나 혼자 이 어린아이들을 데리고. 좋게 말해 무모한 도전이지, 그냥 정신나간 짓이 아니었을까. 일본에 있었다면 나도 아이들도 어려움을 겪지 않았을 텐데. 그냥 그렇게 지냈으면 불만은 좀 있었을지 몰라도 나름대로 탄탄한 인생을 살았을 텐데. 남편과 아이들까지 끌어들여 지금 이 추운 곳에서 내가 뭘 하고 있는 걸까.

하지만 그래도 어떻게든 되겠지. 곤란한 일이 생기면, 주변에 알리고 도움을 구하면 반드시 누군가가 도와주겠지. 혹시 아무도 도와주지 않더라도 보험이나 다른 무언가로 어떻게든 되겠지. 아마도.

2

낯선 곳에서의
육아

필요하고, 긴급한 경우입니다.
좋은 여행 하세요.

- 헬싱키 국경경비대

2020년 2월, 핀란드에서는 아직 코로나19 감염증을 그저 중국이나 한국, 대만, 일본에 퍼진 골치 아픈 감염증 정도로 취급했다.

나는 뉴스를 보고 '엄청난 일이 벌어졌구나.'생각하고, '이러다 유키의 어린이집 졸업식이 취소되겠어. 유키가 속상해할 텐데.'라는 정도의 생각을 하고 있었다.

세계보건기구WHO와 핀란드 국립보건복지연구소THL의 통계에 따르면 핀란드에서 코로나19 감염이 처음 확인된 것은 1월 29일로, 중국에서 라플란드Lapland 지역으로 온 여행자였다. 2월 26일에는 밀라노에 갔다가 돌아온 여성이 감염되어 헬싱키 시내의 한 병원에 입원했다.

3월 1일, 헬싱키대학교 교육학부 부속 초등학교의 2학년 네 반이 폐쇄되었고, 총 130명이 2주간 자택 대기를 지시받았다.* 3월 10일에는 핀란드 항공사인 핀에어가 유럽 주요 도시로 가는 비행편을 취소하기 시작했다.

그 이튿날, 핀란드 외무부는 해외여행 자제를 당부했다. 하지만 그 당시 핀란드의 산나 마린 총리는 국영방송인 YLE^{Yleisradio Oy}의 취재에서 핀란드는 아직 '사회적 거리두기'가 필요한 단계는 아니라고 했다.**

이러한 상황이 뒤바뀐 것은 3월 14일에 접어들면서부터다. YLE의 뉴스 아카이브를 보자면, 이날 오후까지 핀란드에서는 긴급사태법 발령을 주저하고 있었다. 하지만 이날 오후 4시에 총리를 비롯한 주요 5개 정당 대표가 다음 날인 3월 15일에 긴급사태법을 부분적으로 발령하는 회의를 결정했다.

우리 아이들이 헬싱키에 도착한 것은 3월 16일이었다. 이날 핀란드의 사울리 니니스퇴 대통령과 산나 마린 총리

• 이와타케 미카코(岩竹 美加子), 2020년 3월 6일, "신종 코로나 대응, 일본과 해외의 결정적 차이'", 겐다이 비즈니스

•• YLE, Coronavirus Updates: 10.3.2020-10.4.2020

(사회민주당 대표)는 비상대권법과 감염증법에 의거한 비상사태선언을 발표했다. 그 내용은 교육기관의 폐쇄 및 원격수업으로 전환(어린이집 원아를 비롯한 초등학교 3학년생 이하만 등원·통학 가능), 도서관·박물관·극장·영화관·스포츠 시설 등 공공시설 폐쇄, 재택근무 장려, 10인 이상의 집회 금지, 핀란드 국적 보유자와 핀란드 거주허가증을 지닌 외국인을 제외한 모든 외국인의 입국 거부 및 입국 후 2주간의 자택 격리였다.

그 후 음식점에 영업 자제를 권고했고, 3월 25일부터는 헬싱키와 수도권을 포함한 우시마Uusimaa 주와 다른 지역 간의 자유로운 이동 자제 또한 권고했다. 원래 이러한 폐쇄 조치 및 자제 권고는 4월 13일까지 약 한 달 정도만 시행될 예정이었지만, 다시 연장되어 5월 13일까지 시행되었다.

뭐, 이런 상황이었지만 아이들이 입국한 3월 16일에는 아직 "내일 자녀분들의 주민등록을 하러 오세요."라고 할 정도로 공공기관 업무가 진행되었고, 지하철과 버스 이용에도 문제가 없었다.

헬싱키 항구

그런데 다음 날 직장에서도, 그리고 비사 씨에게서도 연락이 왔다. 해외에 나갔다 온 사람은 2주간 자택 격리를 해야만 하며, 인터내셔널 하우스 헬싱키도 일시적으로 업무를 중지한다는 소식이었다. 어린이집에서도 2주간 등원을 자제해 달라는 연락이 왔다.

슈퍼마켓에 장을 보러 가는 횟수도 줄이고 되도록 여러 명이 가지 말라고 했지만, 배달 서비스를 이용하려 해도 인근 슈퍼마켓에 배달원이 부족해 불가능했다. 결국 최대한 사람이 없는 시간대에 장을 보러 갔고, 하루에 두세 번은 산책하고, 동네에서 싸게 산 전자피아노로 어린이집에서 배운 노래를 연주하며 유키와 구마와 놀기로 했다.

그러는 사이에 핀에어의 항공편도 순차적으로 결항되어 남편이 예약한 귀국 항공편까지 전부 취소되기에 이르렀다. 남편은 간신히 대체 항공편을 찾아 일주일 만에 교토로 돌아갔다. 아이들의 장난감이나 그림책도 여전히 도착하지 않았고, 아이들을 데리고 갈 수 있는 공공시설도 야외 공원을 제외하고는 전부 폐쇄되고 말았다. 집 주변에 숲과 밭이 있어서 나무나 바위에 올라가거나 숲속에서 이런저런 놀이(모험이나 캠프, 동물과 놀기 등)를 할 수 있는 것이 그나마 다행이었다.

내가 "아니, 문을 연 곳이 하나도 없네. 도서관도 동물원도 유원지도 데려갈 수가 없어, 정말 미안해. 아빠도 다음에 언제 볼 수 있을지 모르고."라고 하자 유키가 "그러니까 3월에 오길 잘했지! 지금 오려고 했으면 오지도 못했을 거 아냐? 정말 다행이야!"라고 말해 주었다. 그 당시에는 "여섯 살 어린애가 뭐 이리 긍정적이야?"라고 생각했지만, 나중에 그게 나를 배려해서 한 말이라는 사실을 깨달았다.

이런 걸 뭐라고 하더라. 사전에서 '기특하다'라는 말의 의미를 찾으면 '주로 힘이 없는 존재의 행동이 바지런한 모습', '말하는 것이나 행동하는 것이 신통하여 귀염성이 있다'라고 설명하는 것 같다. 그래, 기특하다.

2주간의 자택 격리를 마치고, 아이들은 어린이집에 다니기 시작했다. 유키도 구마도 핀란드의 어린이집에 다니는 것은 이번이 두 번째이고, 2년 만이었다. 예전에 다닌 어린이집은 중부 지방에 있는 이위베스퀼레라는 도시의 중심지 근처에 있었다. 중심지인데도 부지와 마당이 아주 넓어서 저녁에 아이들을 데리러 가면 어디선가 놀고 있을 아이들을 찾아다니느라 몹시 고생했다.

이번에 아이들이 다니게 된 어린이집도 헬싱키 시내에 있는데도 부지가 꽤 넓어 보였다. 0~2세, 3~4세, 5~6세 아이들이 따로 구역을 나누어 지내고, 구역마다 두 반이 있었다. 구역 사이에 문이 설치되어 있어 외부에서도 드나들 수 있었다. 구마는 0~2세 구역의 2세 아동 반에 들어갔고, 유키는 5~6세 구역에 있는 6세 아동 반에 들어갔다. 이용 시간은 아침 8시부터 오후 3시 반까지였다.

유키는 등원 첫날부터 어린이집에 자연스럽게 적응하여 선생님들을 놀라게 했다. 반면 구마는 갑자기 말도 통하지 않는 어린이집에 맡겨진 탓에 감정적으로나 체력적으로 힘들었는지 오후에 데리러 가니 지쳐 잠들어 있었다. 구마는 나와 헤어지고 나서 한 시간 정도 계속 울다가 지쳐 잠들었다고 했다.

그날 아이들을 데리러 갔을 때 나는 핀란드에서는 어린이집을 처음 다니기 시작할 때, 일주일 정도는 아이들이 어린이집 생활에 천천히 적응할 수 있도록 부모가 함께 시간을 보낸다는 사실을 알았다. 그러니 내가 첫날부터 구마만 맡겨 둔 채 "자, 그럼 열심히 해 봐! 있다 보면 곧 적응할 거야!"라며 휙 나가버리는 모습을 보고 구마보다 선생님들이 오히려 더 놀란 모양이었다.

그래서 다음 날에는 점심시간까지 함께 있다가 점심 식사를 마친 뒤에 돌아왔고, 그다음 날에는 낮잠 시간 전까지 함께 보내다 낮잠을 자는 동안에만 보육원에 맡겼다. 솔직히 말해 '이래서야 회사일을 할 수가 없잖아! 이럴 거면 왜 애를 어린이집에 맡기는 건데!'라고 말하고 싶었다.

자, 명심해. 핀란드에서는 보호자가 일하느라 바빠서 아이를 어린이집에 맡기는 게 아니야. 어린이집은 아이가 교육을 받기 위해 있는 거야. 따지자면, 부모의 일 < 넘을 수 없는 벽 < 아이의 교육이야(아마도).

2년 전에도 느꼈지만, 핀란드의 어린이집에는 교사 수가 많다. 법률 및 관련 각령 상 교사와 아동의 비율의 3세까지는 1대 3, 3~5세는 1대 8, 취학 전 교육을 받는 어린이는 1대 13까지로 정해져 있다.

참고로 일본 어린이집의 배치 기준은 0세 아동의 경우 보육교사와 아동이 1대 3, 1~2세 아동은 1대 6, 3세 아동은

1대 20, 4세와 5세 아동은 1대 30인데, 유키와 구마가 교토에서 다닌 어린이집에서는 2세 아동까지 보육교사와 어린이의 비율이 1대 3, 3~5세 아동은 1대 10 정도였다.

하지만 아이들이 핀란드에서 다니게 된 어린이집에는 더 많은 선생님이 근무하고 있었다. 특히 우리 아이들이 어린이집에 다니기 시작한 때는 등원 자제를 권고하던 시기여서 등원하는 아이들도 매우 적었다. 유키와 구마네 반 모두 선생님이 각각 네 분씩 계셨지만, 등원하는 원아의 수와 교사의 수가 거의 같거나 오히려 교사가 더 많은 날도 있었다.

아이들을 어린이집 마당에서 놀게 하거나 산책을 시킬 때처럼 야외에서 활동할 때를 제외하고는 선생님들은 사복을 입었기에(마당이나 어린이집 밖으로 나갈 때는 원아와 교사 모두 등에 '헬싱키시 어린이집'이라고 적힌 형광 조끼를 입는다) 얼핏 보기에는 아이들의 보호자처럼 보였다.

2년전 이위베스퀼레의 어린이집에 아이를 처음 맡겼을 때도, 아침이든 저녁이든 늘 보호자가 함께 있는 줄 알았는데 알고 보니 선생님들이었다. 장발에 수염을 아무렇게나 기르고 해골 마크가 들어간 탱크톱을 즐겨 입는 남성을 보고 단번에 어린이집 교사일거라 알아차리기는 힘들었다. 어디까지나 내 편견 때문이겠지만.

사택은 직장에서 편도로 30분 거리에 있다. 즉, 직장 근처에 있는 어린이집에 다니려면 버스를 타고 편도 30분을 가야 한다. 그리고 내가 헬싱키에 돌아오자마자 직장에서는 재택근무를 시행했고, 꼭 필요한 경우가 아닌 이상 건물 내 출입이 금지되었다. 이렇게 될 줄 알았다면 직장 근처에 있는 어린이집에 등록하지 않았을 것이다. 하지만 이런 일이 생길 줄 누가 알았겠는가.

집과 어린이집 사이를 오가는 버스는 매일 아침 텅텅비어 거의 우리가 전세를 낸 수준이었다. 아이들은 유튜브에서 일본의 전기 보안협회 광고를 본 이후로 거의 매일 아침마다 그 영상을 틀어달라고 졸라댔다. 그러니 그 노선을 지나던 버스 운전기사는 아마 '저 아시아계 모자는 아침마다 맨날 같은 노래를 부르던데, 대체 저게 무슨 노래일까?'라고 생각했을 것이다.

하지만 틀렸어요. 그건 노래가 아니었답니다. '간사이 전기 보~안 협~회'라고 외치는 소리일 뿐이었지요. 그리고 저는 그다지 장난기 많은 사람도 아니고, 평소에는 농담도 잘 하지 않는 매우 성실하고 바른 사람이랍니다……라고 변명하고 싶었지만, 지금 후회해 봤자 뭘 어쩌겠는가.

이렇게 한참 헬싱키시의 시영 어린이집을 이용했더니 어린이집을 이용한 시간과 일수가 시에 보고되어 어느 날, 시에서 집으로 보육료 청구서가 날아왔다. 두 아이를 한 달 동안 보낸 비용은 560유로 이상이었다. 왠지 소문으로 듣던 것보다 비싸다는 느낌이 들었다. 그래서 헬싱키시 교육과에 문의해 보니 "그건 당신이 수입 신고를 하지 않아 수입이 가장 높은 등급으로 설정되었기 때문이에요."라는 답이 돌아왔다.

이럴 수가. 그런 건 처음에 말해 달라고!

결국 곧바로 급여 명세서를 메일에 첨부해 시 보육과에 보냈더니 새 보육료 정보와 함께 이제껏 청구한 보육료를 취소하는 서류, 그리고 이미 내 버린 금액을 환불받기 위한 서류를 보내왔다. 결과적으로는 아무런 문제도 없었지만, 이럴 거면 대체 개인번호는 어디에 쓰려고 만든 걸까.

4월부터 5월 중순까지 고작 한 달 반이었지만, 이 작은 어린이집에서 유키와 구마는 좋은 보살핌을 받았던 것 같다. 다른 아이들은 거의 없었지만, 교사들은 예전과 다름 없이 많았다.

매일 아침 아이들과 버스를 타고 이야기를 나누며 어린이집으로 향했다. 어린이집 문을 열고 마당을 가로질러 들어가면 먼저 구마네 반으로 갔다. 신발에 묻은 흙을 털어 내고, 신발을 벗고 실내화로 갈아신은 뒤, 나란히 손을 씻고, 오늘 아이의 몸 상태를 선생님들에게 말씀드렸다. 구마와 헤어지면 밖으로 나가 다시 마당을 지나 유키네 반으로 향한다. 유키도 신발을 벗고 손을 씻고 나면 이번에는 유키네 반 선생님들에게 아이의 몸 상태를 말씀드린 후 작별 인사를 했다.

오후에 어린이집으로 아이들을 데리러 가면 구마의 담임인 안토니 선생님과 유키의 담임인 소피아 선생님이 오늘 두 아이가 어떻게 시간을 보냈는지 알려 주셨다. 소피아 선생님은 나보다 한참 어려 보이는 매우 활기찬 여성으로, 유키는 소피아 선생님을 첫눈에 좋아하게 되었다. 매일 아이들을 데리러 가면 소피아 선생님은 유키가 오늘 무엇을 얼마나 열심히 했는지 알려 주셨다.

안토니 선생님은 몸집이 큰 대머리 남성으로, 표정 변화는 거의 없지만 상냥한 눈빛을 지닌 데다 일본어를 할 줄 알았다. 처음에는 '어머, 일본어를 할 수 있는 교사가 구마의 담임 선생님이 되다니 운이 정말 좋네.'라고 생각했다. 하지만 운이 좋았던 게 아니라 구마가 이 어린이집을 다니는 동안에만 잠시 안토니 선생님이 이쪽으로 와 주셨다는 사실을 알게 되었다. 이런 엄청난 VIP 대우라니.

구마는 안토니 선생님을 금세 따르기 시작했다. 구마가 아침에 나와 헤어지길 싫어할 때도 안토니 선생님이 방에서 나와 "구마야, 안녕. 안토니 선생님은 구마가 오길 기다렸어."라고 말하면 곧바로 나를 버리고 안토니 선생님을 따라갔다. 참고로 안토니 선생님에게 "일본어를 어디서 배우셨어요?"라고 물었더니 진지한 표정으로 "애니메이션이요."라고 대답해 주셨다.

소피아 선생님은 유키에 대해 "뭐든지 도전하길 좋아하고 기운이 넘쳐 좋아요."라고 말했다. 나는 유키가 집중력은 좋지만, 잘 못하는 일은 금세 포기해 버린다고 생각했었는데 의외였다. 안토니 선생님은 구마에 대해 "한 가지 놀이를 15분이나 계속할 수 있어요. 집중력이 좋네요."라고 말했다. 나는 구마도 기운은 넘치지만, 무슨 일이든 2초만 지나면 싫증을 내 버린다고 생각했었다. 두 담임 선생님이 가르쳐 준 아이들의 모습은 내가 이제껏 알던 모습과는 반대되는 모습이었다.

유키는 매일 비스카리Viskari 같은 것을 받았다. 소피아 선생님의 말씀에 따르자면 내용은 취학 전 교육과 거의 다르지 않지만, 좀 더 쉽게 핀란드어 단어를 배우는 시간인 것 같았다. 유키는 매일 핀란드어 노래나 단어를 배우고 돌아왔다.

어느 날은 유키가 '목장에 사는 생물과 숲에 사는 생물'이라는 분류에 대해 내게 열심히 설명해주기도 했다. 나는 이제껏 들어본 적이 없는 분류 방법이었다. 또 어느 날은 어린이집에서 돌아오는 길에 버스 안에서 갑자기 "엄마, 삼각형은 꼴미오kolmio라고 한대. 숫자 1, 2, 3이 윽씨yksi, 깍씨kaksi, 꼴매kolme잖아. 그래서 삼각형을 꼴미오라고 하는 거야. 그래서 사각형은 넬료neliö야. 4가 넬랴neljä니까."라고 말해 깜짝 놀란 적도 있다.

어린이집에서 단순히 숫자나 단어만을 배우는 게 아닌 듯했다. 어느 날, 여느 때처럼 유키에게 "오늘은 어린이집에서 뭐 했어?"라고 묻자 "오늘은 싫어하는 것을 공부했어. 무덤이라든가 토끼가 어딘가로 가 버린다거나."라는 대답이 돌아왔다. 무슨 뜻인지 이해가 되질 않아 다음 날 소피아 선생님에게 물어보자 일주일에 한 번, 평소 생활 속에서 느끼는 다양한 감정을 말로 표현하는 연습을 하는 모양이었다.

어느 날은 '기쁘다'라는 감정을 배운 모양이었는데, 유키는 "생일에 관한 이야기를 하기는 했는데, 그게 맞을까?"라며 잘 이해하지 못한 듯한 모습을 보였다. 핀란드어를 거의 모르니 어쩔 도리가 없었다. 그다음 주에는 '쓸쓸하다'를 언어로 표현하는 연습을 한 모양이다. 아이의 이야기를 통해 들은 대로라면 나도 그 수업을 듣고 싶었다.

어린이집에서는 매주 주말마다 그 주에 어린이집에서 사용한 교재(색종이 오리기나 부활절 관련 공작 등)의 PDF 파일을 보호자에게 메일로 보내 주었다. 등원을 자제하더라도 집에서 할 수 있도록 보내주는 것 같았다. 놀이 방법과 순서까지 적혀 있었다.

3월에 비상사태선언이 발령된 후 5월 중순까지 직장
(이라고는 해도 재택근무였기 때문에 집에 있는 것이나 마찬가지였지만)
에서나 어린이집에서나 온통 '코로나'에 대한 얘기만 들려
왔다.

일본에 있는 지인과 친구들에게서도 갑작스러운 휴교
조치로 가정과 학교 모두 혼란스럽고 다들 지쳐 있다는 소
식, 음식점이 폐업해 버렸다는 소식, 독일의 앙겔라 메르켈
총리의 감동적인 연설을 칭찬하는 뉴스 기사며 그와는 반
대로 일본 정부는 대체 뭘 하는지 모르겠다는 비판의 목소
리가 가득했다.

SNS상에는 핀란드의 마린 총리가 독일의 메르켈 총리
나 뉴질랜드의 저신다 아던 총리처럼 리더십을 발휘해 잘
대처했다고 추켜세우는 영상도 돌아다녔다.

그렇다면 실제로 핀란드는 팬데믹으로 얼마나 피해를
입었고, 어떻게 대응했을까.

핀란드는 세계 보건 기구가 팬데믹을 선언한 후, 이른
바 '락다운'이라 불리는 상태에 돌입했다. 단, 핀란드의 락
다운은 프랑스나 스페인, 이탈리아나 영국, 독일과는 많이

달랐다.

우선 레스토랑과 학교, 공공시설 이외의 곳에는 정부가 폐쇄 명령을 내리지 않았다. 게다가 어린이집과 취학 전 교육, 초등학교 3학년생 이하의 아동은 등교·등원이 가능했고, 학교 급식도 제공되었다. 단, 10인 이상의 집회나 실내 스포츠 활동은 금지되었다.

또한 유럽에서는 보기 드물게 마스크·의료품 부족 문제가 발생하지 않았는데, 이는 전쟁 가능성에 대비해 꾸준히 비축한 덕분인 듯했다.[*] 그런데도 헬싱키를 비롯한 우시마 지역의 병원에서는 마스크를 비롯한 개인용 방호구가 부족해져 중국에서 평소의 열 배 가격에 수입해 왔다.[**]

그로부터 일주일 후, 중국산 마스크의 품질이 핀란드가 요구하는 수준에 비치지 못한다고 판명되었다.[***] 더군다나 결국 그 돈을 누가 어떻게 냈느냐 하는 문제를 둘러싸고

[*] The New York Times, 2020년 4월 5일, "Finland, 'Prepper Nation of the Nordics,' Isn't Worried About Masks"

[**] Iltalehti, 2020년 4월 1일, "Suomi hankkii neljä lentokoneellista suojavarusteita Kiinasta 10-kertaisilla hinnoilla – "puhutaan yhteensä kymmenistä miljoonista"

[***] YLE, 2020년 4월 8일, "Finland: Chinese face masks fail tests"

각 분야의 전문가가 다투는 일까지 생겼다.* 결국 이 사건을 계기로 국가긴급공급청 장관이 사임했다.

핀란드에서는 3월 18일에 국경이 폐쇄되기는 했지만, 거주허가증을 이미 받은 외국인은 출입국이 가능했다. 하지만 국경을 폐쇄했음에도 정부가 3월 말까지 해외에서 돌아오는 입국자를 아무런 검사도, 격리도 하지않았다는 점이 비판을 받았다.

락다운 중인데도 정부가 지급하는 보조금이 적다는 이유로, 주요 도시(헬싱키·에스포·반타·탐페레·투르쿠·오울루·이위베스퀼레·조엔수 등)들이 올해 지방세를 낼 수 없다고 정부에 항의했다. 그러자 이에 대해 총리는 평소에 늘 3개월분의 의료품과 식료품을 비축해 두라고 했는데, 지자체가 준비를 제대로 하지 못한 것이라 비판했다.

이런 여러 종류의 분쟁을 보며 나는 '어디를 가나 이런 일이 있구나.'하는 심정이었다. 나보다 젊은 총리는 우리 아이들보다도 어린 자녀를 키우면서, 취임한 지 3개월 만에 이런 사태에 대처해야 했다. 그 입장은 어떨까 상상만 해도

- YLE, 2020년 4월 9일, "Minister orders probe into bungled face mask procurement"

눈이 돌아갈 것만 같았다.

2020년 3월 20일 기준으로 핀란드에서 확인된 코로나19 사망자는 총 7명(일본은 33명)이었다. 그러던 것이 3월 말에는 57명(일본 56명), 4월 15일에는 182명(일본은 119명), 5월 1일에는 259명(일본은 432명), 5월 15일에는 296명(일본은 710명)에 달했다.* 2020년에 핀란드의 총인구는 약 553만 명으로, 65세 이상 인구가 차지하는 비율은 22.6%**, 6월 1일 시점에 인구 10만 명당 사망자 수는 5.7명이었다.

그에 반해 일본의 총인구는 약 1억 2,584만 명, 65세 이상 인구가 차지하는 비율은 28.4%*** 마찬가지로 6월 1일 시점에 인구 10만 명당 사망자 수는 0.71명이었다. 즉, 인구당 사망자 수만 비교하면 핀란드의 상황은(일본보다 훨씬 인구 밀도가 낮고, 고령화율도 아주 조금 낮은데도) 8배 이상 나빴다.

보상 금액이나 시스템은 어땠을까. YLE의 보도에 따르면 3월 20일에는 기업의 도산 방지, 개인사업자 지원 등

- 핀란드의 데이터는 THL(핀란드 국립건강복지연구소)를 참조. 일본의 데이터는 후생노동성 '신형 코로나바이러스 감염증에 대한 국내 발생 상황 등' 참조.
- ** The World Bank, "population ages 65 and above"(Finland)
- *** The World Bank, "population ages 65 and above"(Japan)

을 목적으로 한 150억 유로의 지원 대책이 발표되었다.[*] 이후 2020년 동안 연금 납부액 경감과 아동수당·실업보험의 증액이 결정되었으며, 백신 개발에도 500만 유로가 할당되었다.[**]

반면 일본에서는 4월 6일에 총 108조 엔 규모의 긴급 경제 대책을 실시할 것이라 발표되었다. 그 가운데 저소득자 세대나 중소·개인사업자들에 대한 현금 지급이 6조 엔을 넘었고, 중소기업에는 200만 엔, 개입사업자에는 100만 엔이 지급되었다. 그리고 국민 한 명당 10만 엔이 지급되며, 아동 1인당 만 엔의 아동수당이 추가로 지급되었다. 거기에 더해 도도부현 단위로 팬데믹 관련 명목으로 기업에 보상금이 지급되었다. 또 사회보험료·공공요금 등의 지불·납부 유예를 인정해 주기도 했다.[**]

- YLE, "Finland announces €15bn support package to prop up economy", 2020년 3월 20일
- [**] IMF, "Policy responses to Covid-19", last updated on 4 Dec. 2020, 핀란드 재무부 "Government submits supplementary budget proposal to Parliament due to the coronavirus" 2020년 3월 20일
- [**] 지지에퀴티 '신종 코로나 경제 대책, 총액 108조 엔=6조 엔을 저소득자, 중소기업에 지급-7일 각료회의 결정'(2020년 4월 6일), "내각관방 '코로나19 감염증에 따른 각종 지원 안내' 후생노동성 '생활 유지를 위한 지원 안내' 2020년 10월 1일 갱신

인구당 사망자 수와 보상 규모를 비교하면 일본이 핀란드보다 상황은 나아 보였다. 핀란드에서는 전 국민에게 10만 엔을 지급할 생각조차 하지 못했다. 학교에 갈 수 없는 핀란드의 초등학교 4학년생과 비교하자면 일본의 임시 휴교는 단기간에 불과했다. 그래도 영국이나 프랑스, 스페인이나 이탈리아 같은 유럽 주요국과 비교하자면 핀란드의 사망자 수나 규제 정도는 훨씬 나은 편이었다.

EU 회원국은 대체로 일본보다 팬데믹으로 인한 사망자 수가 많았으며, 규제 시기도 늦었다. 규제는 더 강력했지만, 휴업 등에 대한 보상은 미흡했다.

이때부터 내가 계속해서 신경 쓰이는 점이 있었다.

나는 일본에 있을 때, 줄곧 세상이 갑갑하고 힘든 기분이었다. 팬데믹이 커다란 원인이었지만, 내가 느낀 기분은 막연한 느낌이 아니었다. 실제로 2020년 3월에서 4월 사이에 일본에 살던 나의 지인들은 심리적으로 커다란 부담과 막막함을 느끼고 있었다. 그런 느낌은 자살자 수로 나타났다.

2020년 5월, 싱가포르의 데이터 분석 업체 블랙박스

리서치와 프랑스의 설문조사 사이트 톨루나가 공동으로 시행한 온라인 조사에서 각국의 정치·경제·지역사회·언론 네 분야의 지도자에 대한 평가를 수치로 나타낸 결과, 일본은 모든 분야에서 최하위를 기록했고, 종합지수도 가장 낮게 나왔다.[*] 그에 반해 핀란드의 투르쿠대학교에서 같은 해 5월 6일부터 11일까지 실시한 온라인 조사에서는 천 명의 응답자 가운데 60%가 핀란드 정부의 대처에 '매우' 혹은 '나름대로' 만족하고 있다고 답했다.[**]

이렇게 수치로 비교해보면 '잘 대처하고 있다'라고 평가받은 국가의 상태보다 오히려 '낮은 평가를 받은' 일본에서의 생활은 좀더 자유로워 보인다. 물론 한국이나 대만에 비하면 일본이 팬데믹으로 인한 인구당 사망률은 더 높았다. 하지만 한국과 대만은 개개인의 일상생활을 훨씬 강력하게 제재했고, 사람들을 감시한다는 느낌이었다.

2020년 봄에 일본에서 사망자가 적었던 원인은 의료 및 간호 현장과 종사자, 그리고 음식점이나 여행업계, 교

---

[*] 지지통신, '일본의 지도자, 국민평가에서 최하위-코로나 대책의 국제 비교 2020년 5월 8일

[**] www.satakunnankansa.fi/kotimaa/art-200000707059.html

육·보육 현장과 각 가정에서 모든 국민이 최선을 다해 노력한 결과였다.

그렇다면 이런 인구당 사망자 수의 차이가 당시 일본 정부의 무기력한 대응에도 불구하고 현장에서 힘쓴 사람들의 노력만으로 나타난 결과일까. 만약 그렇다면 그렇게나 최선을 다해준 훌륭한 사람들이 그렇게나 무능한 정권을 탄생시키고 꾸준히 지지하고 있다는 뜻일까. 우리가 괴로운 이유는 어쩌면 우리가 생각하는 원인이 아닌, 다른 원인에 기인한 것이 아닐까. 이러한 의문이 2020년 3월부터 내 머릿속을 떠나지 않았다.

· · ·

5월 1일 노동절을 핀란드에서는 바푸Vappu라 부른다. 전날부터 사람들이 거리에 나와 술을 마시고, 노동절 당일에는 곳곳에서 축제가 벌어져 거리가 온통 떠들썩하다고한다.

어쩐지 신문이나 SNS, 상점 유리창 등에 바푸라는 단어가 자주 보이길래 소피아 선생님에게 "바푸 때는 보통 뭘 하나요?"라고 물었더니, 소피아 선생님은 뜻밖에도 자랑하는 듯한 목소리로 "피크닉이죠."라고 대답했다. 고작 피크

닉에 다들 저렇게 기대하며 설레어하다니, 핀란드에는 그렇게 즐길 거리가 없다는 건가.

당시는 10인 이상의 모임이 금지되어 있었기에 나는 헬싱키시 홈페이지에서 노동절 프로그램을 보기로 했다. 바푸가 어떤 것인지 궁금하기도 하고 기대되기도 해서 컴퓨터 모니터에 집중했다.

시간이 되자 모니터 화면에 노동자처럼 보이는 사람들이 차례차례 등장했다. 보아하니 여러 직종에 종사하는 사람들 같았다. 세탁소 주인, 간호사, 공사 노동자 같은 사람들부터 재택근무로는 할 수 없는 일을 해주고 있는 사람들이 각자 자신의 직장에서 노래를 부른 영상을 이어붙인 듯했다.

물론 노동절이니 노동자가 노래를 부르는 것이 맞겠지. 하지만 어쩜 그리도 다들 뻣뻣한 자세에 잔뜩 굳은 표정으로 노래를 하는지. 그 모습을 즐거운 마음으로 봐야하는 걸까.

그 후로도 한동안 방송을 지켜봤지만, 화려한 옷을 입은 아저씨와 아줌마가 노래하는 영상과 무표정한 아줌마가 체조하는 영상이 계속되었다. 나는 더 이상 참지 못하고 아이들에게 "이거 계속 보고 싶어?"라고 물었다. 괜히 내 마음을 아이들에게 물었던 것이다. 다행히 아이들이 "꺼도 괜찮아."라고 대답해 주어서 나는 컴퓨터 전원을 끄고, 아직은 추운 날씨였지만 아이들과 숲으로 나갔다.

바푸가 끝나고 다음 날 유치원에 등원했더니, 원장 선생님이 "목요일에 혹시 시간 괜찮으세요?"라고 했다. 무슨 일이 있나 싶어 긴장된 마음으로 시간을 보내다, 목요일이 되어 어린이집에 갔더니 유키의 취학 전 교육에 관한 설명을 해주었다.

어린이집을 졸업하면 일 년간 취학 전 교육을 받아야 하는데(하루 4시간+필요한 아이에게는 돌봄 서비스가 포함된다), 여기에 '취학 전 교육 준비반'으로 한 시간을 추가할 수 있다는 말이었다. 취학 전 교육 준비반의 목적은 초등학교 공부를 따라갈 수 있을 정도로 핀란드어 실력을 키우는 것이라고 했다. 원장 선생님은 "준비반을 추가하실 건가요?"라고 물었지만, 내 입장에서는 원하고 자시고 할 것도 없었다. "꼭 부탁드립니다!"하고 바로 신청해 버렸다.

준비반에서는 뭘 하려나. 나도 준비반에 함께 다니고 싶다. 나도 이제 곧 직장에서 제공하는 핀란드어 강좌를 들어야만 하는데, 하필이면 강좌가 아이들이 어린이집에서 돌아오는 시간대에 개설되어 있었다. 내가 핀란드어 강좌를 수강할 수 있는 날이 오기는 할까 싶다.

팬데믹은 핀란드에 사는 모든 사람을 공평하게 덮치지는 않았다. 핀란드에서 감염자가 많았던 지역은 수도권, 그중에서도 헬싱키시였다. 팬데믹 초기 헬싱키시의 신규감염자 다섯 명 가운데 한 명은 소말리아계 사람이었다.

핀란드는 역사적으로 이민자를 받아 들여온 나라가 아니었다. 제2차 세계대전 이전에는 에스토니아나 소련에서 이민자를 조금 받아들였지만, 전쟁이 끝난 뒤에는 거의 쇄국 상태에 가까웠다. 1970년대까지 난민도 거의 받지 않았기에 핀란드에서 이민자라는 말은 해외로 이주한 핀란드인을 가리켰다. 1970년대에 들어 인도차이나 난민을 받아들이기 시작하면서 핀란드에서 본격적으로 난민을 수용하기 시작했는데, 소말리아계 난민들은 주로 헬싱키와 그 주변 도시권에 커뮤니티를 형성하고 있었다.•

• NHK, "외국인 '의존' 일본: '세계에서 가장 행복한 나라' 핀란드가 직면한 '복지 쟁탈'(국제부 사토 마리코(佐藤真莉了) 기자)

YLE의 보도에 따르면 헬싱키에서 소말리아계 커뮤니티에 거주하는 사람들은 버스 운전기사나 세탁소 주인, 간병인 같은 3밀(밀폐·밀집·밀접) 요소가 많은 직종에 종사하는 비율이 높다. 3대의 가족이 방 두 개짜리 아파트에 사는 경우도 많다고 한다. 소말리아계 헬싱키 시의원인 술단 사이드 아흐메드Suldaan Said Ahmed는 헬싱키의 소말리아계 커뮤니티에 감염자가 발생하는 상황을 두고, 이것이 핀란드 내의 계급 문제라 지적하기도 했다.•

회사의 사택에서 버스로 10분 정도 거리에 헬싱키에서 중동계·아프리카계 주민이 많이 거주하는 지역이 세 곳 있었다. 그중 한 지역에는 대형 쇼핑몰과 영화관, 할랄 식료품점, 아시안 마트, 100엔 숍 같은 잡화점도 있었다. 간신히 외출이 가능해졌을 때쯤 그곳에 뭐라도 사러 나가 보았다. 원래 그 지역에 가면 베일을 쓴 여성들을 종종 볼 수 있었지만 그때는 마스크를 착용한 사람도 많이 늘어난 것 같았다 (예전에는 마스크를 착용한 사람이 한 명도 없었다).

• YLE, 2020년 4월 14일, "City councillor: Somali community Covid-19 infections 'a class issue'"

100엔 숍 같은 잡화점에서 작은 어린이용 연필깎이를 사려고 했는데, 갈색 피부에 머리가 덥수룩한 남자 주인아저씨가 무서운 표정으로 "디스인펙션disinfection?"이라고 큰 소리로 물었다.

무슨 말인가 싶어 내가 다시 "미타mitä(무엇)?"라고 묻자 "댁네 아이 말이에요! 아이들은 여기저기 만지고 다닐텐데! 손소독제를 챙겨야 하지 않겠어요! 항상 말이에요!"라고 외치더니 내 곁에서 바닥을 만지고 있던 구마의 손을 갑자기 낚아채더니 알코올 티슈 같은 것으로 북북 닦았다.

유키는 깜짝 놀랐고, 구마는 울음을 터뜨렸지만 나는 고마운 마음이 들었다. 아저씨, 고맙습니다. 평소에 가격은 저렴해서 좋은데, 주인아저씨는 무서워 보여……라고 생각했던 곳인데. 그렇게 생각해서 죄송해요. 나는 그 김에 손소독제도 사서 집으로 돌아왔다.

팬데믹이 시작된 이후, 언제 어디서 누가 "헤이, 코로나!"라고 공격해도 "왓츠업? 레이시스트!"라고 맞받아칠 수 있도록 하루도 빠짐없이 이미지 트레이닝을 했다. 하지만 지금까지는 누구에게도 험한 말을 듣지 않아 다행이었다.

어느 날 아침에는 자전거를 타고 지나가던 웬 노인이

나와 아이들에게 손을 흔들며 "니하오! 렛츠 스테이 헬시!"
라고 웃으며 말을 건넸다. 고맙기도 하고, 씁쓸하기도 해서
나도 모르게 웃고 말았다.

5월 초가 되자 헬싱키 시내로 가는 길이 붐비기 시작했
다. 그때까지도 여전히 회사들은 재택근무를 장려하고 공
공시설은 폐쇄된 상태였다. 하지만 건설 현장이나 슈퍼마
켓 등은 정상적으로 일을 시작한 것 같았다. 버스나 지하철
도 운행 편수를 크게 줄이지 않았다. 그런데도 어린이집에
등원하는 아이들 수는 고작 20% 정도 느는데 그친 듯했다.

6월부터는 레스토랑도 영업을 재개한다는 보도가 나
왔다. 시간이 지나면서 날이 점차 길어지고, 조금 길었던 겨
울이 끝나가는 느낌이 들었다(내가 느끼기에는 겨울이었지만, 이곳
사람들에게는 봄).

YLE의 팟캐스트를 듣고 있자니 "다음 달이 되면 어떤
일을 하고 싶으세요?"라는 리포터의 질문에 상대는 "테라
스석에서 혼자 맥주를 마시고 싶네요."라고 대답했다. 그걸
듣고 생각했다. 그건 자택 베란다에서도 얼마든지 할 수 있
잖아.

$\cdots$

　5월 중순에 우리는 교토에 한 번 가기로 했다. 교토에서 유키가 다닐 예정이었던 초등학교는 6월 1일부터 수업이 재개될 예정이었다. 그때는 일본도 외국에서 들어가는 사람에게는 자택격리 시간이 있었으니, 이것저것 고려하면, 5월 중순에는 입국하는 것이 적당할 것 같았다. 나는 재택근무가 가능했고, 무엇보다 아직 두 달 정도밖에 지나지 않았지만, 더는 아이 둘을 혼자서 돌보기는 어렵다는 생각이 들었다.

　물론 이곳에 오기 전에도 아무런 연고도 없고, 친척이나 친구도 하나 없는 곳에서 일하면서 홀로 아이 둘을 키우는 일이 쉽지 않을 것이라는 건 예상했다. 하지만 이곳 사람들과 함께 일하고, 함께 지내면서 방법을 찾아가며 일본과 헬싱키를 왕래하다 보면 2년 안에 점차 익숙해지리라는 막연한 믿음이 있었다. 그런데 아이들이 핀란드에 오자마자 이렇게 교류가 어려워질 줄은 생각도 하지 못했다.

　남편에게는 너무 힘들어서 오히려 웃음이 나올 지경이라고 말했다. 물론 지금 나보다 더 힘든 상황에 놓인 여성들은, 일본에도 핀란드에도 얼마든지 있다는 것도 알고 있다.

하지만 그때 내 입장에서 내 처지는 그저 웃음밖에 나오지
않을 만큼 여유가 없었다.

5월이 되자마자 나는 바로 어린이집 선생님에게 5월
중에 어린이집을 퇴소할 것 같다고 말했다. 그러자 원장 선
생님이 8월에 헬싱키에 돌아오면 집에서 가장 가까운 어린
이집에 다닐 수 있도록 연결해 주셨다. 원장 선생님은 나와
아이들이 3월에 헬싱키에 온 이후, 사흘에 한 번 정도 메일
을 보내 주기도 했다. 주로 나와 아이들의 생활에 대한 조언
이었다.

처음 등원한 날, "요즘 시기가 시기인지라 등원을 자제
하는 편이 나을지도 모르겠어요, 어떻게 하면 좋을까요?"
라고 묻자 "현재 등원을 자제하라는 말이 나오고 있지만,
신경 쓰지 말고 보내세요. 지금 어머님과 아이들에게는 그
게 좋을 것 같아 보여요."라고 말씀해 주셨다. 눈물이 나올
뻔했다.

소피아 선생님은 거의 과외 선생님 수준으로 유키에게
핀란드어를 가르쳐 주셨다. 그리고 3~4세 반에는 일본인 여
자 선생님(요시에 선생님이라고 해 두자)이 계셨는데, 자기네 반

이 아닌데도 매일 유키와 구마를 챙겨주시고, 아이들과 일본어로 이야기를 나눠 주었다.

특히 요시에 선생님은 내가 아이들을 데리러 갈 때마다 매일 내게 유키와 구마가 어떻게 지냈는지 전해 주었다. 아마 날마다 아이들의 생활을 내게 전하면서 엄마인 내가 잘 지내고 있는지 내모습 또한 함께 살펴봐 주신 것이리라. 그 당시 나에게는 원장 선생님과 안토니 선생님, 소피아 선생님과 요시에 선생님의 도움이 정말이지 너무나 큰 것이었다.

5월 중순에 교토에 돌아갔다가 8월에 다시 헬싱키로 올 예정이지만, 그때는 다른 어린이집에 다니게 될 것 같다고 아이들에게 말해주었다. 유키는 "이곳 선생님들이 너무 좋아서 여기에 1년 정도 더 다니고 싶어."라고 했다. 구마는 매일 어린이집에서 "나는, 5월이 되면, 아빠를 만나러 교토에 가요!"라고 말하기 시작했다. 어찌나 아빠를 좋아하는지.

핀란드에서는 아직 긴급하지 않은 불필요한 해외여행은 자제하도록 권고하고 있었다. 그래서 출국할 때는 국경경비대가 여권을 일일이 확인하고 여행 목적을 물었다. 우리에게도 당연히 질문을 했다. "아빠를 만나러 갑니다. 이건 긴급하지 않은, 불필요한 여행에 해당할까요?"라고 되물었더니 "긴급하고 필요한essential 경우입니다. 좋은 여행 하세요."라고 답을 해주었다.

내 머릿속에는 업무와 관련된 일이 아니라면 긴급하거나 당장 필요한 사항이 될 수 없다는 생각이 기본이었다. 그렇기에 가족을 만나는 일도 그럴 줄 알았다. 어린이집에 아이를 맡길 때도 마찬가지였다. 일본과 핀란드는 적어도 출입국과 어린이집에 관해서만은 우선순위가 달랐다.

핀란드는 자동차 사회라고 한다. 하지만 나는 아직 차가 없다. 교토시에서 나고 자란 사람들은 아마 대부분 자전거만 있으면 어디든 갈 수 있다고 생각한다. 그래서인지 나는 지금 헬싱키에 있지만 자전거 이외의 교통수단을 가져본 적이 없다. 자동차 면허는 있다(심지어 수동으로). 운전을 싫어하지도 않는다. 하지만 차는 정말 너무 비싸다.

그래서 헬싱키로 이사 온 지 일 년이 지났지만 나는 여전히 차가 없다. 유키와 구마를 데리고 외출할 때는 버스와 전철, 지하철을 타거나 자전거로 역까지 가서 자전거를 들고 전철을 탄다.

헬싱키의 시내버스는 유모차와 함께 타면 무료다. 하지만 유모차를 쓰지는 않는다. 걸을 수 있는 나이가 되면 스스로 걸어야 한다고 생각한다. 이곳에서는 5~6세 정도로 보이는 아이도 가끔 유모차를 타고 있는 걸 본다. 이제 두 살이 된 구마가 제법 먼 거리를 걷는 모습을 보고 지나가던 한 노인분이 "Supertähti(슈퍼스타)!"라고 칭찬을 해준 적도 있다. 이런 게 보통 아닌가.

아이들을 데리고 대중교통을 이용하면서 정말 다양한 일을 겪었다. 일본에서 전철이나 지하철을 이용할 때 유키는 몇 번이나 낯선 아줌마에게 사탕을 받았다. 서울과 부산의 지하철에서는 처음 본 할아버지가 유키와 구마에게 초콜릿이나 사탕을 주셨다. 싱가포르에 갔을 때는 맞은편에 앉아 있던 낯선 할아버지가 슬쩍 일어나 유키의 콧물을 닦아 주시기도 했다.

헬싱키에서는 지금까지 그런 일을 겪지 못했다. 아니, 사람들이 대부분 서로 눈을 마주치지 않는다. 하지만 그렇다고 대중교통을 이용하는 사람들이 어린이를 데리고 탄 사람을 이상하게 보거나 차가운 눈길을 주는 것은 아니다. 주말에 외출했다가 돌아오는 길에 구마가 지쳐서 잠들어 버릴 때가 종종 있었다. 그때마다 "애가 잠들었네." "엄마는 뭐 하는 거지." "엄마가 안아 주네." "아, 애가 깼어."하면서 마치 만화 《도박묵시록 카이지》에 등장하는 '술렁술렁'과도 같은 사람들의 시선과 수군거림이 느껴진다.

'지켜보지만 말고 도와주셔도 돼요!'라고 말하고 싶지만, 헬싱키의 사람들은 명확히 도움을 청하지 않는 한 도와주지 않는다.

내가 핀란드의 대중교통에서 좋아하는 것은 장거리 전철에 달린 어린이 차량(정식 명칭이 아니라 내가 그렇게 부르고 있는)이다. 일반적인 2층 차량의 2층 앞부분에 간단한 미끄럼틀과 벤치, 그림책, 작은 교육용 장난감을 준비해둔 것이다. 그 차량은 어린이집 원아나 그 이하의 어린이가 이용하게 되어 있기에 아이들이 복도를 기어다니거나 큰 소리로 울어도 부모들이 서로 신경 쓰지 않는다. 그래서 장거리를 이동할 때 부모가 "가만히 좀 있어!", "조용히 해!"

라고 아이들을 혼낼 필요가 없다. "가만히 있기 어려울테니 저기 있는 미끄럼틀에 가서 놀아." "조용히 놀기 힘들면 저기 있는 그림책 읽어 줄게." 이런 식으로 여유로운 마음으로 아이들을 대할 수 있다.

이런 차량이 일본에도 있으면 좋을 텐데. 좀 더 여유로운 마음으로 이런 작은 노력을 기울여 준다면 모두가 예민해지지 않고 즐겁게 여행할 수 있을 텐데. 그럴 돈이 없는 걸까. 아니면 애초에 어린아이를 데리고 대중교통으로 여행하지 말라는 경고일까. 아이 하나 조용히 시키지 못할 거면 애를 낳지 말라는 무언의 압박일까.

너그러운 마음으로 관심과 노력을 기울여 다양한 니즈에 부응하는 것, 그리고 그런 노력 없이 개인이 서로 짜증을 내고 비난하며 문제를 덮는 것 가운데 어느 쪽이 나은지 선택하라면 나는 당연히 전자를 택할 것이다.

물론 일본에도 어린이를 위해 다양하게 연구한 전철이 있기는 하다. 하지만 그런 것들은 특정 기간이나 장소에만 운영되어서 그런 전철을 타는 건 하나의 큰 이벤트일 뿐이다.

그에 반해 핀란드에 있는 어린이 차량은 특별하지 않다. 딱히 귀엽지도 않다. 알록달록한 색도 아니고, 미끄럼틀의 경사도 가파른 데다 비치된 그림책 중에는 '아니, 이런 책이 왜 여기 있는 거야?'라는 생각이 들 만큼 어려워 보이는 것도 있다. 하지만 일반 전철 요금을 내면 누구나 탈 수 있으며, 일반 전철 내에 어린이를 위한 공간이 마련되어 있다는 사실이 중요하다. 크게 공들이지는 않았지만, 누구나 이용할 수 있는 지원 공간이 어디에나 있다는 것이다.

3

숲으로 둘러싸인
어린이집

적당한 옷을 입고 있다면
나쁜 날씨는 없는 거야.

- 동료의 배우자

8월이 되자마자 우리는 다시 헬싱키로 돌아왔다. 이번에는 남편도 와서 한동안 함께 지내기로 했다.

핀란드에서는 해가 가장 길고 밝은 6월 말 즈음이 되면 밤이 거의 없다. 8월에는 새벽 4시에 해가 뜨고, 저녁 8시까지도 여전히 밖에서 놀 수 있을 만큼 밝다. 하지만 밤은 돌아온다. 최고기온이 15~20도 정도로 상당히 선선한 날씨지만, 햇볕이 강해 아직 여름의 느낌이 남아 있다.

우리는 8월 중순에 시작하는 유키의 새 학기에 맞출 수 있도록 헬싱키에 도착했다. 이번에는 자택 격리를 하지 않아도 되었다.

핀란드는 거주허가증을 소지한 사람은 국적에 상관없이 입국할 수 있고, 국적에 따라 입국 후의 행동을 제한하는 것을 검토하고 있었다. 규제를 하는 이유를 설명해주고, 그 이유가 공개되어 있으며, 앞으로 그 규제가 어떻게 변할 수 있는지 주변 정보를 통해 예상할 수 있어 다행이었다.

유키와 구마가 8월부터 새로 다니게 된 어린이집은 집 근처, 밭과 숲으로 둘러싸인 곳에 있었다. 유키는 여기서 취학 전 교육(에시오페투스)을 받게 되었다.

취학 전 교육은 일반적으로 어린이집에서 실시하는데, 어느 정도 규모가 있는 어린이집에서만 가능했다. 취학 전 교육 시간은 아침 9시부터 오후 1시까지로, 유키는 그 후에도 핀란드어 수업을 한 시간 더 듣고, 아침저녁으로 보육 서비스까지 받았기에 구마와 마찬가지로 아침 8시부터 오후 4시까지 어린이집에서 지내게 되었다.

일본에 머물고 있던 5월 말, 해당 어린이집의 원장 선생님이 먼저 메일을 주었다. 그래서 8월에는 우리 가족이 헬싱키로 돌아가며, 곧바로 유키와 구마를 어린이집에 보내고 싶다고 답장을 해두었다. 그리고 헬싱키에 돌아온 후

첫 번째 월요일에 해당 어린이집을 방문했다. 예전에 다녔던 시내의 어린이집보다 마당이 세 배 정도 넓었다. 일본에서 다녔던 어린이집보다도 네 배는 넓었다. 건물 안에 체육실·공작실·구내식당도 있었다.

유키네 반 아이들은 21명이고, 담임 선생님 세 명(교사 두 명과 석사학위를 소지하지 않은 보육사 한 명)과 교육실습생 한 명이 배정되어 있었다. 그 밖에도 한 달에 두 번 정도, 특별지원교육 선생님 한 명이 온다고 했다.

그날은 담임 선생님인 마리아 선생님과 이야기를 나눴다. 마리아 선생님은 "어린이집에서 밀폐, 밀집, 밀접을 피하는 건 무리지요. 그러니 되도록 아이들 손을 자주 씻기고 몸 상태가 조금이라도 좋지 못한 날은 집에서 쉬게 해주세요. 그리고 뭐든지 어려움이 있을 때는 연락해 주세요."라고 말했다. 나는 곧바로 "유키가 아직 핀란드어를 거의 하지 못하는데, 친구를 잘 사귈 수 있을까요?"라고 물었다. 그러자 마리아 선생님은 "아이들은 대부분 다섯 달 정도만 지나도 핀란드어를 할 수 있게 돼요."라고 대답해 주셨다. 정말? 그렇다면 나도 다니고 싶다.

        · · ·

    핀란드의 어린이집에 다니기 시작하면서 가장 먼저 놀란 것은 다양한 설비가 잘 갖추어져 있다는 점이었다. 현관에는 대부분 문이 두 개 있다. 창은 전부 이중창이다. 마당은 일본에 있는 비슷한 인원수의 어린이집보다 대부분 넓다. 현관에는 신발장 외에도 겉옷이나 모자, 장갑 등을 말릴 수 있는 건조기가 놓여 있다. 여름이 아닌 계절에는 비나 눈 때문에 어린이집에 오다가 옷이 젖을 때가 많아 이러한 건조기가 있다는 점이 고마웠다.

    각 반의 구성도 일본에서와 많이 달랐다. 일단 우리가 다닌 어린이집 세 곳에는 전부 직원 사무실이 없었다(원장실은 있었다). 아이들이 있는 교실에 교사가 사용하는 컴퓨터나 서류를 그대로 놓고, 선생님들이 아이들을 살피면서 사무 작업을 했다. 그리고 세 곳 모두 낮잠을 자기 위한 방이 따로 있었고, 그곳에는 침대가 있거나 매트가 깔려 있기도 했다.

    그다음으로 놀란 점은 챙겨야 하는 소지품이 매우 많다는 것이었다. 아니, 정확히 말하면 집에서 준비해서 어린이집에 놓고 쓰는 물건이 많았다. 옷을 자주 갈아입어야 한다거나 도시락을 매일 싸 가야 하는 건 아니지만, 밖에서 놀 때 입을 옷이 많이 필요하기에 이를 미리 준비해두어야 했다.

세 곳의 어린이집 모두 충분한 갈아입을 옷(반 팔 상의, 긴 팔 상의, 바지, 양말, 팬티를 각각 두 세트 정도) 외에도 방수 기능이 있는 상의와 바지(또는 점프슈트)가 필요했다. 스키복과 비슷하다고 상상하면 된다. 스키복보다 방수성이 뛰어나고 두툼한 원단으로 만들어진 옷이 대부분이었다.

그리고 우비. 우리가 아는 일반적인 비옷이 아니라, 물이 절대 통과하지 않을 것처럼 훨씬 두꺼운, 마치 고무로 만들어진 듯한 상하의 세트다. 이곳에서는 우산을 쓰는 사람이 거의 없다. 바람이 강해서 우산을 쓰기 힘들어 그런지, 아니면 단순히 귀찮아서 그런 건지는 잘 모르겠다.

장갑도 눈밭에서 놀 때 사용할 두꺼운 장갑과 비가 내리거나 그다지 춥지 않을 때 사용할 장갑, 두 가지가 필요하다. 신발도 운동화와 레인 부츠, 스노우 부츠까지 세 가지가 필요하다. 모자도 햇볕을 막는 용도와 추위를 막는 용도로 두 가지가 필요하다. 게다가 양말도 일반 양말 외에도 스노우 부츠에 신을 두꺼운 양말을 함께 챙겨야 한다.

아이에 따라서는 상비약이나 기저귀, 여름에는 선크림

이나 선글라스도 챙겨야 한다. 기저귀는 직접 사서 어린이집 화장실에 놓여 있는 각자의 전용 바구니에 넣어 둔다. 낮잠 잘 때 인형이나 공갈 젖꼭지가 필요한 아이는 챙겨가기도 한다.

왜 이렇게나 많은 장비와 준비물을 챙겨야 할까. 핀란드의 어린이집에서는 비가 오든 기온이 영하로 떨어지든 땅이 얼어붙든 바람이 강하게 불든 날씨에 상관없이 거의 항상 밖에서 놀기 때문이다.

대만에서 온 동료가 핀란드의 겨울은 날씨가 좋지 않다고 했더니 그녀의 배우자(스웨덴계 핀란드인)가 "적당한 옷을 입고 있다면 나쁜 날씨는 없는 거야."라고 했다. "적당한 복장이라는 게 옷을 겹겹이 껴입고 빛이 반사되는 겉옷을 걸치는 건가요?"라고 말하고 싶었지만, 아무래도 핀란드 사람들은 이런 우회적인 표현('좋지 않은 날씨 같은 건 없어. 부적절한 복장만이 있을 뿐이야.')을 좋아하는 것 같았다.

결국 이러한 적당한 옷과 준비물을 모두 새로 사려면 한 사람당 상당한 비용이 든다. 다행히도 나는 재활용품점에서 싸게 사거나 무료로 얻거나 해서 적은 비용으로 해결할 수 있었다.

그리고 나로서는 참 감사하게도 핀란드의 어린이집에서는 아침 8시에서 8시 반 사이에 등원한 아이에게는 아침 식사를 제공한다. 아침 식사로 우유와 오트밀 혹은 검은 빵이 나왔고, 달걀이나 오이가 함께 나오는 날도 있었다.

처음으로 밭 한가운데에 있는 어린이집에 간 날, 마리아 선생님이 "아침에 일어나 옷만 갈아입혀 보내셔도 돼요."라고 했는데, 그냥 하는 말이 아니었다. '일찍 자고, 일찍 일어나, 아침 식사'라는 식의 표어가 있었던 것 같은데, 핀란드에서는 등원 직전에 아이를 깨워 세수와 옷만 갈아입혀 보내면 아침 식사는 어린이집에서 준비해 주었다.

핀란드의 교육이 세계 최고라고 말하는 사람도 있다. 나는 그런 건 아무래도 상관없다고 생각한다. 애초에 핀란드의 교육이 세계 최고니 어쩌니 말하는 사람들은 교육부 평가에서 전국 1등을 받은 학교 같은 곳에 아이를 보내고 싶은 사람들이다. 게다가 최근 국제 학업성취도 평가PISA를 보면 핀란드보다 싱가포르나 에스토니아의 순위가 더 높게 나오기도 했다. 어쨌거나 나는 어린이집에서 아침 식사를 제공한다는 것이 큰 도움이 되었다. 아침 식사, 점심 식사, 간식까지 세 끼를 어린이집에서 맡아 주니 특히 한창 자랄 나이인 아이들의 식비가 크게 절약되었다. 그러다 주말에 아이들과 함께 시간을 보낼 때면 "너희 이틀 동안 이렇게나 많이 먹는다고!"하고 놀라기도 했다.

말이 나온 김에 덧붙이면 도시락을 쌀 일도 거의 없다. 아니, 핀란드에서 아이들을 어린이집에 보내면서 이제껏 도시락을 싸 준 적이 없다. 유키는 소풍을 몇 번 간 적이 있었는데, 소풍에서도 어린이집에서 준비한 뭔가를 먹고 돌아왔다.

그럴 때는 어린이집에서 며칠 전부터 소풍 갈 예정이며 도시락이 필요하다는 내용의 안내문을 보내준다. 안내문에 적당한 도시락 내용물이라고 적혀 있는 것은 '과일', '치즈'였다. 아니……이게 도시락인가?

유키에게 "주먹밥이나 샌드위치를 만들어 줄까?"라고 물어봤지만, "다들 치즈나 내키레이패nkäkileipä (호밀로 만든 거의 아무 맛도 나지 않는 크래커 같은 빵)를 싸올 거래. 나도 그거면 됐어."라며 거절했다.

　한번은 직장에서 "일본 도시락은 참 대단하더라고요. 그런데 일본에서는 언제 도시락이 필요한가요?"라는 질문을 받은 적이 있다. 듣고 보니 핀란드에서는 어린이집에서 아침 식사·점심 식사·간식까지 챙겨주고, 초등학교·중학교·고등학교에서는 점심 식사가 무료로 제공된다. 대학에서는 급식이 제공되지 않지만, 학생 식당에서 1인당 3유로 정도면 식사를 할 수 있다. 예를 들어 헬싱키대학교의 학생 식당인 유니 카페^{UniCafe}에서는 학생에게는 2.7유로, 교직원에게는 5.9유로에 점심 식사를 제공한다.

　급식 메뉴는 어린이집부터 대학교까지 대체로 비슷비슷하다. 샐러드와 물 또는 우유는 마음대로 먹을 수 있고, 메인 반찬 한 접시와 빵이나 밥 또는 감자 반 접시 정도가 나온다. 유키는 항상 급식이 맛있다고 했지만, 아침은 빵+마가린+치즈+오이, 점심은 당근이 들어간 매시드 포테이토+샐러드+구운 생선, 간식은 핫도그를 준다는데 메뉴만 들어서는 과연 맛이 있을까 싶었다.

　유키와 구마는 "급식으로 나오는 소시지 카레가 제일 맛있어."라고 했다. 하지만 일본 스타일의 카레가 핀란드에 있을 턱이 없었다. 어떻게 된 일인지 어린이집 급식 메뉴를 확인해 보니 '맛카라카스티케Makkarakastike(소시지에 브라운소스를 얹은 요리)'였다. 이게, 그렇게나 맛있나?

. . .

아침에 어린이집에 도착했을 때, 아이 짐이 많거나 아이가 실내에 들어가 옷을 벗어야 할 때는 내가 건물 안까지 따라 들어가기도 한다. 하지만 그렇지 않을 때는 대부분 마당에서 선생님에게 아이를 맡기고 "모이모이!"라고 작별 인사만 하면 된다. 그렇게 어린이집에 도착하고 10초 면 아이와 헤어진다.

교토에서는 어린이집에 가면 '그날 갈아입을 옷을 아이 사물함에 넣기', '기저귀를 사물함이나 서랍에 채워 놓기', '더러워진 물건을 담을 봉지를 준비해 놓기', '어린이집 일지에 아이들이 집에서 어떻게 지내며 무엇을 먹고 몇 시에 자는지, 배변은 했는지, 체온은 몇 도인지 적기' 같은 일련의 지시사항을 수행해야 했다. 나 같은 경우에는 두 아이 몫을 해야 하니 15분 정도가 걸렸다. 게다가 유키가 엄마와 헤어지는게 싫다고 칭얼대거나 구마가 하필 그때 배변을 하거나 하면 시간을 더 잡아먹었다. 바쁜 아침에 이러한 사소한 행동이 주는 차이는 정말 크다.

사실 헬싱키에서는 빨리 출근해야 한다며 서두르는 사람을 거의 보지 못했다. 그건 우리가 '헬싱키의 전원 지역'에 살고 있기도 하고, 팬데믹으로 재택근무를 하는 사람이 많았던 탓일 수도 있다.

어린이집에 다닌 지 얼마쯤 지나자 나는 어린이집에 행사가 거의 없다는 점에 또 놀랐다. 매일 아이들이 보내는 일과는 거의 바뀌지 않았다. 8시 반까지 등원해서 아침을 먹고, 9시 넘어서까지 방에서 놀다가 10시부터 한 시간 반 정도 마당에서 놀거나 산책한 다음, 11시 넘어서 점심을 먹고 12시가 넘으면 한두 시간 정도 낮잠을 자고, 오후 3시 전에 간식을 먹은 다음 다시 마당에서 놀다가 오후 4시 무렵에 대부분 집으로 간다(4시 넘어서 아이들을 데리러 가면 남아 있는 아이가 거의 없을 때도 있었다. 특히 금요일에는).

헬싱키시의 취학 전 교육은 아침 9시부터 오후 1시까지로, 하루 네 시간(주 20시간)만 진행된다. 하지만 아침 9시 전이나 오후 1시 이후에도 아이를 맡기고 싶다면 그대로 어린이집에 맡길 수 있다(형식적으로는 방과후 학교 같은 느낌이지만, 실질적으로는 어린이집에서 아이를 맡아주는 셈이다).

취학 전 교육이 끝나면, 유키처럼 핀란드어가 모국어가 아닌 아이는 하루에 한 시간 핀란드어 수업을 받을 수 있다. 10월 무렵까지는 오후에 1시간 동안 수업을 했던 것 같다. 그런데 한 시간 동안 집중해서 공부하는 게 힘들었는지, 11월부터는 아침과 오후에 30분씩 수업을 받았다고 했다.

헬싱키의 어린이집에는 입학식도, 졸업식도, 운동회도, 학예회도, 바자회도, 여름 축제도 없었다. 행사가 전혀 없는 것은 아니었지만, 교토에서 다녔던 어린이집에 비해 보호자가 행사에 참여하는 횟수가 매우 적었다. 아이들의 행사를 어른들의 생활과 완전히 분리해 놓은 듯한 느낌이었다. 이는 보호자들이 서로 교류할 기회가 거의 없다는 뜻이기도 했다. 어린이집은 보호자를 위한(보호자가 일하는 동안 아이를 맡기기 위한) 시설이 아니라, 아이가 보육·교육을 받기 위한 시설이니 이게 당연한지도 모르겠다.

솔직히 행사가 없다는 건 엄마로서는 정말 편한 부분이다. 이곳 어린이집에서는 행사 준비나 행사 당일에 참석

하라는 알림, 집에서 무언가를 만들어 오라는 알림을 받은 적이 전혀 없다. 교토의 어린이집에 다녔을 때는 부모가 할 일이 많았지만 한편으로는 유키와 친구들이 행사에 참여하는 모습을 보며 아이들이 자라고 있는 모습을 볼 수 있다는 장점이 있었다. 그런 모습을 볼 기회가 없다는 점은 아쉽기도 했다.

이위베스퀼레와 헬싱키에서 아이들을 어린이집에 보내면서 나와 아이들이 어린이집에 끌려다닌다는 느낌을 전혀 받지 않았다. 나는 중고등학교때에도, 대학교에서도, 동아리에서도 나 자신을 어느 단체에 끼워 맞추는 듯한 느낌을 정말 싫어했다. 그런 의미에서 이곳의 어린이집은 '개인이 서비스를 이용하는' 평화로운 느낌이 들어 마음이 편했다.

교토에서의 어린이집은 교사와 보호자가 접촉하는 일이 잦았고, 정보 공유가 자세히 이루어졌다. 선생님이 매일 아이들이 어떻게 지냈는지 알림장에 사진이나 그림까지 첨부해 자세히 알려 주었다. 이위베스퀼레에서 다닌 어린이집이나 헬싱키에서 다닌 어린이집에서는 그런 세심함이나 교사 개개인의 정열과 노력을 느낄 수 있는 경우가 거의 없다.

물론 아이들을 데리러 갈 때마다 선생님들이 "오늘 유키는 이런 일을 열심히 했어요."라든가 "오늘은 산책을 다녀왔어요."라든가 "구마는 오늘도 잘 먹고 잘 잔 후에 온종일 뛰어다녔어요."라고 아이들의 하루에 대해 간단히 말해 주기는 한다.

3~4월에 다녔던 시내의 어린이집에서는 우리도 많은 배려를 받았다. 하지만 그건 그곳 원장 선생님이 유독 친절한 사람이었다거나 소피아 선생님, 안토니 선생님, 요시에 선생님처럼 그곳에 근무한 선생님들이 열정적이고 상냥했기 때문이 아니라, 단지 보육사·교사가 담당하는 원아의 수가 상대적으로 적고, 지자체의 지원 방침 등이 달랐기 때문이지 않을까 생각한다. 다르게 말하자면 각 어린이집이나 보육사의 능력과 자질에 따라 보육의 질이 좌지우지되지 않는다는 느낌이다. 교토의 어린이집과 헬싱키의 어린이집의 차이는 교사와 보호자가 '들이는 노력의 정도'에 있다고도 할 수 있다.

교토에서 다녔던 어린이집은 아이들이 낮에 시간을 보내는 곳이기도 하지만, 한편으로는 보호자의 공동체이기도 했다. 그것은 아마 어린이집이 노동자를 위한 시설이라는 전제와도 연관이 있을 것이다. 단순히 어린이집만 놓고 비교한다면, 아이와 부모를 길러내는 공동체로서의 축적된 기술과 보호자·보육사·경영자의 단결력과 우정이라는 측면에서는 교토의 어린이집이 이곳 헬싱키의 어린이집보다 훨씬 뛰어난 느낌이었다.

하지만 그런 공동체를 위한 기술이나 선생님들의 열정과 노력, 보호자의 열의나 협력 모두 어쩌면 필요없는 것일지도 모른다. 보호자의 노동시간이 짧고, 보육이 노동자를 위한 복리후생이 아니라 아이들 개개인이 누릴 권리로 제도화되어 있다면 말이다. 그리고 모두가 모두에게 일종의 '다정함과 친절함'을 요구하지 않는다면.

공적 기관이든 기업이든 혹은 비영리단체NPO나 학부모회 같은 조직이든 선량하고 우수한 개인이 현장에서 열심히 애쓰다 보면, 본의 아니게 공적 제도의 부족한 부분이 그대로 방치되기도 한다. 현장에서 일하는 사람들이 열심히 노력해서 어떻게든 방법을 찾아 해내다 보니 제도 자체의 문제는 해결되지 않는 것이다. 해결되지 않은 문제는 그대로 미루어지기도 하고, 현장에서 쏟는 노력과 열정으로 기적적으로 운영이 되니 현장의 어려움은 계속 방치되고, 애쓰는 사람만 대단하게 느껴지는 것이다. 이런 딜레마는 어린이집에만 해당하는 이야기가 아닐 수 있다.

그래도 누군가가 이처럼 힘든 와중에도 열심히 하는 모습을 보면 너무나 감사하다. 누군가가 공사를 구별하지 않고 최선을 다해 자기 일에 전념하면 우리는 저절로 거기에 감사하는 마음이 생긴다.

그렇기에 "당신이 그토록 열심히 해야 하는 것은 시스템에 문제가 있다는 뜻이 아닐까요?"라는 식으로 말한다면, 그건 상대방의 열의를 깎거나 상대방을 야유하는 악의 있는 발언으로 받아들여진다. 개인이 고생하지 않아도 문제없이 잘 돌아가도록 공적인 제도가 존재하는 것인데도 말이다.

우리 중에는 그런 공동체 생활이 부담스러운 사람도 있다. 하지만 반대로 그런 끈끈한 공동체가 없어지면 쓸쓸함을 느낄 사람도 있을 것이다.

• • •

새 어린이집에 천천히 적응하기 위해 구마는 등원 첫

날이었던 월요일에는 오전에만 어린이집에서 나와 함께 시간을 보냈다. 그리고 둘째 날에는 남편과 함께 낮잠 시간까지 함께 있었다. 그리고 셋째 날에는 오전에만, 넷째 날에는 낮잠 시간까지, 다섯째 날인 금요일에는 온종일 어린이집에 맡겼다.

둘째 주가 끝나갈 때쯤에는 구마도 동급생의 이름을 기억했다. 그리고 한 달쯤 지나자 토요일이 되면 "내일은, 어린이집, 안 가?", "나, 어린이집 가고 싶은데."라는 말을 할 정도로 적응이 되었다. 등원 첫날 담임인 안나 선생님은 나에게 "구마는 아우토미에스(automies(auto=차, mies=남자)인가요?"라는 질문을 했다. 네, 구마는 아우토미에스예요. (차를 좋아하는 어린이라는 뜻인가?)

유키는 예전에도 그랬듯이 "어린이집에 더 오래 있고 싶었는데."라며 첫날부터 여유만만했다. 수예 시간에는 자수에 푹 빠져, 반에서 가장 열심히 수를 놓았다며 담임 선생님에게 칭찬을 받았다고 했다. 나는 젓가락보다 가는 물건은 잘 잡지도 못하는 사람이라 자수를 좋아하는 마음은 도무지 상상이 가지 않았다. 부모 자식도 이렇게나 다른 법이다.

입으로는 즐겁다고 말하는 유키였지만, 이 당시에 찍

은 사진을 보면 유키의 표정은 항상 굳어 있었다. 역시 내심 긴장하고 있던 게 아닐까 싶다.

교토에 있었을 때도 그랬지만, 나는 어린이집에서 돌아온 유키에게 매일 "오늘은 무슨 일이 있었어?"라고 묻곤 했다. 유키가 어떤 하루를 보냈는지 궁금하기도 하지만, 대부분은 유키가 어린이집에서 있었던 재미있는 일을 가르쳐 주기 때문이다.

그런데 헬싱키의 어린이집에 다니기 시작하면서부터 유키는 매번 "기억 안 나."라고 대답하기 시작했다. 습관적으로 "재미있었어."라고 말하기는 했지만 "어머, 뭘 했는데?"라고 물으면 "기억 안 나."라는 대답이 돌아왔다. 정말 재미있었는지, 정말 괜찮은 건지 묻고 싶었지만, "그래? 그래도 즐거웠다니 다행이네!"라며 대화를 마치곤 했다.

유키는 대체 어린이집에서 매일 뭘 하면서 지낼까. 아이들을 데리러 갈 때마다 선생님이 대충 알려주기는 하지만('오늘은 다 함께 산책하러 나가 블루베리를 땄어요.', '오늘은 마당에서 줄넘기를 뛰었는데, 유키가 90개 넘게 뛰었어요.' 등) 나는 유키 스스로 무엇을 재미있다고 생각하는지, 무엇을 재미없다고 생각하는지 알고 싶었다. 우리 아이는 정말 잘 지내고 있는 걸까. 기억력이 그렇게 나빴나? 혹시 아무것도 떠올리고 싶지 않을 만큼 괴로운 건가?

그런 식으로 신경이 쓰이기 시작했을 무렵, 유키네 반의 학부모회가 열렸다. 유키가 취학 전 교육을 받기 시작한 이후, 내가 아이들을 핀란드의 어린이집에 보내기 시작한 후 처음으로 참석하게 된 학부모회였다.

학부모회가 열린 장소는 어린이집의 체육실이었는데, 들어가기 전에 각자 손을 소독하고, 안에 들어가서는 의자 한 개 정도의 간격을 벌리고 앉았다. 선생님들은 핀란드어로 이야기했고, 내 옆에서 헬싱키시에서 파견해준 통역사가 동시통역을 해주었다.

우선 담임인 마리아 선생님이 취학 전 교육의 목적과 이 교육에서 중요하게 생각하는 점을 설명해 주었다.

• 기억하기·협상하기·자존감 기르기·일상에서 자신을 스스로 돌보기·힘든 일도 끝까지 해내기·다른 사람과의 차이를 서로 인식하기 등 집단생활과 배움에 필요한 기술을 익히는 것이 주요 목적이지만, 글자나 숫자 학습도 병행하니

안심하시기 바랍니다.

- 지금은 기본적으로 온갖 기술을 연습하는 시기입니다. 아이가 어떤 일을 하지 못하거나 다른 아이와 싸우고 심술궂은 말을 하더라도 그것은 '나쁜 짓'이 아니라 '지금 연습 중인 것'입니다. 되도록 가정에서도 아이에게 그렇게 말해 주세요.

- 아이가 자기 일(코트 걸기, 신발 가지런히 놓기, 소지품 챙기기 등)을 스스로 하게 하는 것은 아이에게 '너를 믿고 있어.'라는 메시지를 전달합니다. 그러므로 아이들이 자기 일을 스스로 하도록 확실히 말해 주세요. 아이들과 '어른의 역할'과 '아이의 역할'에 대해 이야기할 때도 있습니다. 아이들은 모두 자신의 역할이 무엇인지 잘 알고 있습니다. 이제는 낮잠 시간을 따로 갖지 않지만, 오전에 공부한 내용을 오후에 방에서 조용히 생각해보고, 서로 이야기를 나누거나 그림으로 그려보기도 합니다.

- 친구를 사귀든, 무언가를 배우든 놀이를 통하는 것이 가장 효율적입니다. 어른에게 의지할 수 있다는 안심감이나 이정도까지는 스스로 할 수 있다(그보다 어려운 일은 남에게 부탁한다)는 판단력을 기르는 일, 다른 사람에게 신뢰받고 있

다는 자신감을 가지고 타인을 자신처럼 존중하는 법을 배우는 일이 가장 중요하다고 여기고, 아이들에게 가르치고 있습니다.

- 이미 글자를 읽고 쓸 줄 아는 아이도 있지만, 핀란드어를 전혀 이해하지 못하는 아이도 있습니다(핀란드어나 스웨덴어가 모국어가 아닌 아이가 유키까지 모두 다섯 명이었다). 간단한 계산을 할 수 있는 아이도 있지만, 숫자라는 개념을 아직 모르는 아이도 있습니다. 이런 격차가 언젠가는 좁혀지도록 적어도 반에서는 '이 친구는 이걸 잘하네.', '그런데 저 친구는 저걸 잘하는구나.'라고 아이들이 생각할 수 있게 이끌고 있습니다.

- 매일 종합적인 학습을 시행하고 있습니다. 특히 숲에서 노는 시간은 공간이나 수량을 파악하고, 색과 형태에 관한 어휘 등을 배울 수 있는 좋은 기회입니다. 지금은 팬데믹의 여파로 버스를 타지 못하기 때문에 박물관이나 미술관으로 소풍을 가지 못하지만(우리 지역은 헬싱키 시내이기는 하지만, 주변에 온통 숲과 밭 뿐이다), 그렇다고 해서 배움의 기회가 줄어든 것은 아닙니다. 기타 등등.

뭐랄까 마이클 무어 감독의 영화에 나오는 핀란드의 이미지를 그대로 옮겨 놓은 듯한 장면과 내용이 눈앞에서 펼쳐져 당황했다. 그런 말도 안 되는 장면, 그게 정말이었구나. 좀 더 현실적이고, 절실하고 위태로운 이야기는 없단 말인가. 돈이나 인력이 부족하다거나, 어떤 점을 개혁하기 위해 올해부터는 이런 점이 불가능해졌다거나.

그런 생각을 하고 있는데, 다른 보호자가 "아이들이 친구를 사귈 수 있도록 선생님은 어떤 노력을 하고 계시나요?"라고 물었다.

마리아 선생님의 답변은 이랬다. 아이들의 모습을 지켜보다가 외톨이가 된 아이를 발견하면 "뭘 하고 놀고 싶어?"라고 말을 건넨다. 친구를 만드는 일보다 아이들이 함께 노는 순간을 늘리는 데에 초점을 맞추는 것이다. 어른에게는 친구라는 지속적인 인간관계를 생각하기 쉽지만, 아이들에게는 노는 그 순간이 더 중요할 때가 많다.

듣고 보니 그 말이 맞는 것 같았다. 내가 어린이집에 다녔을 때 깨달은 점 가운데 하나가, 놀고 있을 때 느끼는 그 기쁨은 그날 그 순간에만 느끼는 감정이라는 것이었다. 다른 날에 같은 친구와 같은 놀이를 해도 그전만큼 즐겁지 않을 때도 있었다. 그 점이 참 속상했다.

더 현실적인 이야기는 나오지 않을까. 그런 사악한 기대를 품고 기다리고 있자니 또 다른 질문이 나왔다. "아이들이 싸우면 어떻게 하시나요?"

그러자 선생님은 다시 이렇게 답변했다. 우리 교사들은 지금 아이들이 다양한 기술을 배우는 과정에 있다고 생각합니다. 그렇기에 지금 우리 교사들이 할 일은 "○○가 잘못했네.", "이러한 행동이 잘못이야."라고 판결을 내리는 것이 아니라, "우리는 지금 이런 기술을 배우는 중이야."라고 아이들이 서로 확인할 수 있도록 돕는 것입니다.

뭐지? 이런 입에 발린 듣기 좋은 소리라니! 좀 더 복잡하고 어려운 이야기는 없는 거야? 틀림없이 있을 텐데!

나의 사악한 기대는 거의 충족시키지 못한 채로 학부모회는 끝나 버렸다. 그나마 내 기대에 가까웠던 유일한 소식은 '예년에는 주 1회 방문했던 특별지원 선생님이 올해는 팬데믹으로 인해 여러 사무소를 방문하는 것이 금지되어 원하는 경우에만 개별적으로 응대하게 되었다.'라는 것 정도였다.

· · ·

가을이 깊어갈 무렵, 나는 마리아 선생님에게 "제가 유키에게 취학 전 교육에서 무엇을 배우는지 매일 물어보지만, 늘 아무것도 기억나지 않는다고 말해요. 혹시 아이가 많이 지친 것은 아닌지 걱정됩니다."라고 문의했다.

그러자 마리아 선생님은 "유키는 아마 아무것도 떠올리지 못할 정도로 그 순간에 집중하고 있는 것 같아요. 게다가 무리하게 말이나 학습한 내용을 외울 필요는 없어요. 자연스럽게 익힌 것은 잊지 않는 법이니까요."라고 대답해 주셨다. 몸으로 배우고 있다는 뜻일까.

또 구마는 중간에 반을 바꾸는 바람에 새 담임 선생님과 면담을 하게 되었다. 두 번째 면담 때는 선생님에게 구마가 요즘 들어 무슨 일에서든 자기 주장이 강해진 점이 걱정이라고 상담했다.

구마는 최근의 반항기가 오기 전에도, 어린이집의 재롱잔치에서 다른 아이들과는 완전히 다른 행동을 너무 열심히 하기도 하고, 헬싱키에서 어린이를 위한 댄스 워크숍에 참가했을 때는 진행자의 지시를 전부 무시한 적도 있었다. 내가 구마에게 "핀란드어를 못 알아듣겠어?"라고 묻자

"그게 아니야. 나는 시키는 대로 하는 게 싫을 뿐이야!"라고 명확히 대답하는 등 반항적인 모습을 보였다.

그 일을 구마의 새 담임인 릿카 선생님에게 전하자 "말한 대로 따르지 않으면 자신이나 타인이 위험해질 때가 있고, 그렇지 않을 때가 있지요. 구마는 제가 보는 한, 그렇지 않을 때만 지시를 따르지 않아요. 그건 구마에게 자신만의 독립된 생각이 있다는 뜻이니 매우 좋은 일 아닐까요?"라는 뜻밖의 대답이 돌아왔다.

지시에 따르지 않는 행동이 좋은 거라는 말을 듣다니. 돌이켜보면 처음 핀란드에 왔을 때, 유키는 어린이집 선생님에게 '싫은 일은 싫다고 확실히 표현하고, 늘 자신만의 생각이 있어 훌륭하다.'라고 칭찬받기도 했다.

교토의 어린이집에서는 그런 일로 칭찬받은 적이 없었다. 보호자로서 고작 서너 군데의 어린이집을 경험했지만, 나는 '일본의 교육은 집단주의적'이라는 말이 단순히 교사의 수가 원아에 비해 충분하지 못하기 때문(교사·보육사가 혼자서 많은 아이를 감독해야 하기에 쉽게 지시를 내리게 된다)이라고 생각하고 있다. 교사에게 충분한 시간과 인력이 제공되지 않는 이상, 교사는 아이들에게 당연히 많은 지시를 하게 된다.

　　그러니 선생님들과 교육 현장에 더 많은 인력과 시간, 금전적 여유가 생긴다면 집단주의라는 문화도 변할 수 있을지 모른다.

4

어린이집에서
가르쳐 주는 것

이런 기술은 모두, 한 살 때부터 죽을 때까지
연습할 수 있는 것들이에요.

- 안나 선생님

유키의 취학 전 교육이 시작되기 전날, 담임 선생님에게서 첫 일주일간 배울 내용을 담은 메일이 왔다. 거기에는 '첫 주에는 친구를 사귈 때 필요한 기술을 공부합니다.'라고 쓰여 있었다. 기술이라니, 대체 무엇을 가르치는 걸까. 애초에 '친구를 사귈 때 필요한 기술'이란 게 뭘까?

유키와 그 반 아이들이 '친구를 사귈 때 필요한 기술'로서 무엇을 배우는지 알고 싶던 차에 구마의 선생님과 면담이 잡혔다. 지금 다니고 있는 어린이집에서는 일 년에 몇 차례, 조기교육 면담이라 불리는 부모님과 선생님이 만나는 시간이 있다. 그해 가을, 구마의 담임 선생님은 안나와 레아, 한나라는 세 명의 여성이었다. 듣자 하니 안나 선생님은 이 어린이집이 개원했을 당시부터 근무한 베테랑 선생님이라고 했다.

면담을 위해 방으로 들어서자마자 일단 까마귀 그림이 그려진 큼직한 카드가 책상에 가득 펼쳐져 있는 것에 놀랐다. 이 카드는 '후오마 휘바!Huomaa hyvä!'라고 하는 듯했다(영어로는 'See the Good!'이라는 이름으로 판매되고 있었다).•

이 카드는 '인간의 공통된 스물여섯 가지 강점 카드, 열 가지 행동 카드, 일곱 가지 감정 카드, 다섯 가지 평가 카드를 모아놓은 것••으로, 까마귀가 날거나 뛰는 그림 위에 '인내심이 강하다.', '배려심이 있다.', '호기심이 강하다.', '협조성이 있다.', '아름다움을 감상한다.' 같은 글이 적혀 있다.

'See the Good!'이라는 상품명이 말해주듯 이 카드는 인간에게 일반적으로 어떠한 아름다운 점이 있는지 배우고, 자신이나 상대방 또는 제삼자에게 이러한 아름다운 점

• fi.seethegood.app
•• 다나카 준코(田中潤子), 2021년 1월 25일, '어른도 아이도 '장점'에 초점을 맞추는 세 가지 접근법은? 핀란드 교육 현장에서 발견한 힌트

이 있다고 알려주기 위해 사용하는 모양이었다.

면담이 있던 날, 면담실에 들어서자마자 안나 선생님이 내게 물었다. "구마가 이미 연습하고 있는 기술은 뭐가 있을까요?" 그리고 동시에 이 카드를 늘어놓기 시작했다. 나는 '유머'와 '호기심' 카드를 가리키며 "이거려나요.", "이카드 중에는 없지만, 마음도 넓어요."라고 말해 보았다. 하지만 고작 세 살인 구마가 이런 인격적인 부분까지 발달하고 있는지, 그리고 이런 항목들을 과연 기술이라 할 수 있는지 의문스러웠다.

그런데 그때 안나 선생님이 "그렇군요! 어머님은 언제 구마에게 이런 장점이 있다고 느끼셨나요?"라며 구마의 일상생활에 대해 내가 이야기할 수 있는 소재를 제공해 주었다. 아, 이 카드는 이렇게 쓰는 거구나. 그렇게 대화가 시작되어 한동안 나는 안나 선생님과 구마가 집과 어린이집에서 어떻게 지내는지에 대해 정보를 교환했다.

안나 선생님에게 들은 구마의 모습은 대부분 예상대로였다. 즉, 잘 먹고 잘 떠들었다(일본어로). 어린이집에서 지낼 때 기분도 좋아 보인다고 했다. 확실히 유머 감각이 있었고, 다양한 일에 흥미를 보였다. 단, 낮잠 자기 전에 책을 읽어 주는 시간에는 지루한지 이리저리 뛰어다녔다.

"지루해하는 게 핀란드어를 몰라서 그런 걸까요?"라며 안나 선생님이 걱정했다. "그렇지 않을까요?"라고 내가 자신 없게 대답하자 안나 선생님은 "구마가 자동차 말고 또 무엇을 좋아하나요?"라고 물었다. "소리가 나는 것을 좋아해요."라고 대답했더니 선생님이 "그럼 내일 책 읽는 시간 중에 잠시 노래를 부르는 시간을 넣어 볼게요."라고 말했다.

그러고는 다시 내게 "구마가 더 연습해야 하는 기술은 무엇일까요?"라고 물었다. 나는, '아니, 그러니까 이런 게 다 기술인가요? 인격이라든가 재능 같은 것이지 않나요?'라고 생각하면서도 나는 '아름다움을 감상한다'와 '팀워크'는 아직 어려울 것 같다며 그 카드들을 가리켰다.

그러자 안나 선생님은 "어머! 그런가요? 저는 구마가 낙엽 소리를 좋아하고, 나뭇잎을 햇볕에 비춰 보는 모습을 본 적이 있거든요. 아마도 구마는 이미 아름다움을 감상하는 기술을 연습하고 있을 거예요."라며 내 생각을 고쳐주었다. 그랬구나.

그 후 내가 "이 기술 중에는 저도 아직 다 연습하지 못한 게 많은데요."라고 말했더니 "이런 기술은 모두 한 살 때부터 죽을 때까지 연습할 수 있는 것들이에요."라고 지적했다.

그냥 웃자고 한 말인데, 그렇게 진지하게 대답하시니 민망하네요.

그다음 주에는 유키의 취학 전 교육에 관한 삼자 면담이 있었다. 삼자 면담이라고 해서, 대학 입시처럼 인생에 큰 영향을 끼칠 만한 일을 앞두고 열리는 것은 아니었다.

면담에 앞서 가정에서도 내가 아이에게 인터뷰를 해가야 했다. '네가 잘하는 일은 뭐야?', '네가 좋아하는 일은 뭐야?', '너는 어떨 때 기분이 좋아/싫어?', '더 배우고 싶은 건 뭐야?' 등등의 질문에 유키는 의외로 술술 대답했고, 드디어 면담 당일이 되었다.

요즘이야 재택근무를 하는 사람이 많아져서 시간을 맞추기 쉬워졌지만, 그렇지 못한 사람은 대체 어떻게 하라는 걸까 싶은 시간대(아침 9시~오후 5시 중에 한 시간, 우리는 아침 9시부터 한 시간)에 나와 남편은 어린이집에 갔다.

원래는 유키와 엄마, 아빠 이렇게 삼자 면담을 할 예정이었지만, "어린이집에서 하고 싶은 일이 뭔가요?"라는 질문을 받자마자 유키는 "여기가 아니라 밖에서 놀고 싶어요!"라고 똑부러지게 대답하고는 방에서 나가 버렸다. 디오게네스라도 되는 건지(그리스의 철학자 디오게네스가 소원을 말하라는 알렉산드로스 대왕에게 '아무것도 필요 없으니 햇빛을 가리지 말고 비켜달라'고 말한 일화에 빗댄 것-역주).

유키가 나간 후, 마리아 선생님은 뜻밖에도 유키에 대한 칭찬을 했다. "논리적인 사고, 기억, 추리능력 등 배움에 필요한 기술을 익히고 있다.", "정신적으로 안정되어 있어 '나는 할 수 있다'고 믿는다(그래서 뭐든지 적극적으로 임한다).", "자기 인식이 명확해서 자신이 하고 싶은 일과 하고 싶지 않은 일에 표현이 분명하다.", "행동력도 있다.", "다른 아이들과도 잘 놀고, 혼자서도 놀 줄 안다.", "새로운 일을 배우려는 의욕이 넘친다.", "무엇보다 '나는 괜찮다'라는 마음이 있어 안정되어 보인다."

네? 아······그런가요. 하지만 지금처럼 방을 휙 나가 버리는 행동이 괜찮은지 묻자 "괜찮습니다. 우리도 유키에게 이 자리에서 무엇을 할지 일본어로 전하지 못했고, 오늘 유키의 일정이 어떻게 되는지 묻지 않았으니까요. 그러니 당황하는 것도 당연해요. 그런데도 자신이 하고 싶은 일을 똑바로 말해 주었다는 것은 그만큼 의사를 전달하는 기술이 있다는 뜻입니다."라는 답변이 돌아왔다.

유키는 태어난 다음 날부터 원하는 것이 있으면 그것이 제 손에 들어올 때까지 쉬지 않고 울었다, 무언가 마음에 안 드는 일이 있으면 그 상태가 개선될 때까지 계속 울었다. 아이들이 흔히 뭐든지 싫다고 거부하는 시기가 되었을 때는 더욱 심했다. 아침부터 밤까지 '싫어' 소리밖에 하지 않았다. 유키가 처음 한 말도 '싫어'였다. 그런 극단적인 성격도 긍정적으로 평가해 주다니, 대체 이곳의 보육방침은 어떤 것일까.

나는 "유키는 핀란드어를 전혀 하지 못하는데도 지금 하는 핀란드어 수업이 너무 쉽다며 더 어려운 내용을 배우고 싶어 하는데, 어떻게 하면 좋을까요?"라고 물었다. 그러자 "유키의 학습 기술의 수준을 고려했을 때, 지금 배우는 내용이 지루할 수도 있겠네요."라는 진지한 대답이 돌아왔다. 말도 안 돼. 유키는 매일 "오늘도 재미있었어!"라고 말하면서도, 뭐가 재미있었냐고 물어 보면 아무것도 기억하지 못한다고 묻자 "많은 내용을 배우고 있어서 그래요. 복습하거나 다시 떠올리지 못할 정도로 많은 내용을 배우고 있으니까요. 유키에게는 좀 더 시간이 필요해요. 그러니 기다려 주세요."라는 답이 돌아왔다.

그건 여유가 없을 만큼 너무 힘들다는 뜻이 아닐까 궁금했는데, 마리아 선생님의 생각은 달랐다. "크리스마스 때까지는 유키의 핀란드어 실력이 달라지리라 생각해요."라고 단언했다. 그렇게나 빨리? 나는 반신반의했지만, 어쨌거나 선생님은 나보다 지식도 경험도 풍부한 전문가이니 그 말을 믿을 수밖에 없었다.

그밖에는 채소를 먹기 싫어하는 점 외에 딱히 걱정할 만한 점이 없었다. 마리아 선생님은 "혹시 유키가 너무 열심히 지내느라 집에 돌아가 피곤해하지 않나요?"라고 질문했다. 유키가 "어린이집에서는 놀 거야, 학교에서는 공부하고, 집에서는 빈둥거릴래."라고 못 박았다는 사실을 말씀드리자 선생님은 "그렇다면 안심이네요."라고 대답하셨다.

상담을 마치고, 햇살이 내리쬐는 밭 사이를 걸으며 나와 남편은 "칭찬만 듣고 왔네.", "이곳은 아이들을 칭찬으로 키우는 방침인가.", "나쁜 점을 하나도 지적하지 않으니 오히려 불안하네."라는 말을 주고받으며 집으로 돌아왔다.

· · ·

구마의 면담 때 봤던 '후오마 휘바!See the Good!' 카드는 유키네 반에도 있었다. 여기서는 역시나 원래의 사용법과는 다르게 친구끼리 '나는 이 기술을 연습하고 싶어.'라든가 '아까 싸운 건 나에게 이 기술이 부족했고, 너에게 이 기술이 부족했기 때문이 아닐까?'라고 대화를 나누는 식으로 사용하는 모양이었다.

구마의 면담을 하러 갔을 때는 '정직함', '인내력', '용기', '감사', '겸허함', '공감', '자기 규율' 같은 것을 재능이 아닌 기술로 받아들이는 것을 보고 어쩐지 여우에 홀린 듯한 기분이었다. 하지만 여러 날이 지나자 자연스레 이해가 가기 시작했다. 새로운 눈이 확 트인 기분이었다.

나는 지금까지 배려심이나 끈기나 호기심이나 감수성 같은 것을 성격이나 성질이라고 생각해 왔다. 하지만 이런 것들을 아이들이 다니는 어린이집에서는 연습해야 할, 혹은 연습이 가능한 기술로 보고 있었다.

흔히 '칭찬으로 키운다.'라고들 한다. 그리고 그 말이 맞는지 틀리는지 논쟁이 벌어지기도 한다. 우리는 면담을 마친 그날, 예전 어린이집에서 그랬듯이 이곳의 어린이집에서도(라는 것은 우리가 알고 있는 '핀란드의 어린이집'에서는) '칭찬으로 키우는' 것이 방침일 것이라는 결론을 내렸다.

하지만 이제 와 생각해 보니 '칭찬받았다'라고 우리가 이해한 것 자체가 틀렸다는 생각도 든다.

선생님들은 딱히 유키를 칭찬한 게 아니었을 수도 있다. 학교 교육을 받기에 앞서, 혹은 집단생활을 하기에 앞서, 필요한 다양한 기술 가운데 유키가 이미 충분히 연습한 걸로 보이는 항목을 열거한 것뿐일지도 모른다. 그것은 '칭찬'을 들었을 때 우리가 상상하는 그런 긍정적인 뉘앙스의 행위가 아니었다.

앞으로 연습이 필요한 기술이 있었다면 그것이 화제가 되었을 것이다. 그뿐이다. 그것도 '아직 못한다.', '능력이 없다.', '재능이 없다.'라는 식으로 평가하지 않았을 테고, 목표 달성을 위해 노력하고 있는지조차도 아마 문제 삼지 않았을 것이다. 아마 '이 부분은 좀 더 연습합시다.'라고 아무렇지 않게 말했을 것이다.

'감수성이 풍부하다.', '호기심이 강하다', '공감력이 있다.', '끈기가 있다.'처럼 보통 성격이나 재능으로 생각하는 점들을 '기술'이라 부르는 이유는 바로 여기에 있는 듯하다.

나는 어릴 적부터 스스로 끈기가 부족한 점을 걱정했다. 하지만 이것이 성격이 아니라면 단순히 '무언가를 꾸준히 하는 기술이 부족하다.'라는 뜻이 된다. 그리고 그러한 기술을 연습하면 된다.

참 재미없는 소리다. 하지만 '너 참 대단하다.'라거나 '너는 그래서 안 돼.'라는 식의 평가보다는 '이것을 연습하자(만약 하고 싶다면).'라는 담담한 말이 더 마음은 편할 것 같다.

선생님들은 유키뿐만이 아니라, 이 어린이집에 다니는 어린이들이 지닌 다양한 기술을 딱히 긍정적이거나 부정적으로 보지 않는다. 연습이 필요한 것과 충분한 것이 있을 뿐이다. 필요한 항목이나 정도 또한 아이들이 자라며 서서히 달라질 것이다. 이번에는 이런 부분을 평가했고, 그렇게 평가한 결과를 가정과 교육기관이 공유할 뿐이다.

선생님들은 정말 유키를 칭찬한 것일까. 사실 칭찬하지 않았다 한들 아무 문제 없다.

11월 초, 저녁 식사를 하던 중에 유키가 "같은 반 남자애가 내가 핀란드어로 말하려고 하면 자꾸 흉내를 내. 그게 정말 싫어. 그런데 걔는 나뿐만 아니라 다른 아이들 흉내도 많이 내서 아이들이 다 싫어해."라는 말을 했다. 나는 "아, 꼭 그런 짜증 나는 남자애가 하나씩 있지. 너무하다 싶을 때는 한 번 째려봐."라고 가볍게 넘겼지만, 한편으로는 조금 신경이 쓰였다.

며칠 후에 어린이집에서 그 남자애(엘리엇이라고 하자)의 아버지가 내게 말을 걸어왔다. "우리 아들 녀석이 따님을 놀리는 모양인데, 죄송합니다. 그러지 말라고 말은 해 두었는데, 아마 우리 아이가 댁네 따님에게 관심이 있는 것 같습니다. 그런데 그 마음을 제대로 표현하지 못하고 괴롭히는 것 같아요."

나는 바로 그런 멍청한 남자애는 정말 싫다는 생각이 들었지만, 차마 입 밖으로 낼 수가 없어 "하하하, 뭐 애들 사이에 일어난 일이니까요."라며 얼버무렸다.

그 후 나는 엘리엇에 대해 잊고 있었다. 그런데 일주일 정도 지나 문득 생각이 나서 유키에게 "요즘 엘리엇은 어때?"라고 물었더니 "요즘은 흉내 안 내."라는 대답이 돌아왔다. 무슨 일이 있었냐고 묻자 "대화로 풀었어."라고 했다. 종례 시간에 다 같이 항의라도 했나 싶었는데 난데없이 "구마랑 토끼 그림책을 읽으면서 이야기했어."라고 했다. 그게 다야? 구마와 토끼 그림책이라니 그게 무슨 말이지?

나는 궁금해서 다음 날 아이들을 데리러 어린이집에 갔을 때, 또 다른 담임 교사인 로타 선생님에게 어떻게 된 건지 물어봤다. 그러자 로타 선생님은 이렇게 대답했다.

"우리는 어떤 일이나 물건을 보고 웃는 것과 사람을 보고 웃는 것은 다른 것이라고 가르쳐요. 전자는 친구와 즐길 수 있지만, 후자는 그렇지 않으니까요."

"엘리엇은 친구를 즐겁게 하는 기술에 대해 배우고, 연습할 필요가 있습니다. 그러기 위해 자신이 하는 행동을 의식화하는 편이 좋다고 생각했어요. 그래서 구마와 토끼 이야기를 읽고, 친구를 기쁘게 하는 방법에는 무엇이 있는지 대화를 나누었어요."

나는 로타 선생님의 말씀을 듣고 깜짝 놀라 한동안 말문이 막혔다. 로타 선생님은 내가 이렇게 놀랐다는 사실을 알아차렸을까.

    '남자애는 장난꾸러기이거나 바보라서 어쩔 수 없다.' 라는 식의 이야기는 그 남자아이에게도 도움이 되지 않는다. 게다가 당한 사람이 불쾌함을 느껴도 그런 말을 들으면 더이상 아무 말도 할 수가 없다. 하지만 계속 그런 장난을 치는 아이를 어떻게 해야 좋을까.

    무턱대고 꾸짖을 것이 아니라 차분히 가르쳐야 했다. 일이나 물건을 보고 웃는 것과 사람을 보고 웃는 것은 다르다. 세상에는 친구를 즐겁게 하는 기술이 있다. 그러니 그것을 연습하자. 잊어버리기 쉽지만, 무슨 일이든 학습하는 것과 연습하는 것은 중요하다.

    그나저나 핀란드에서 지내면서 자주 드는 생각이지만, 이곳 사람들은 참 과장을 할 줄 모른다. 좀 더 잘난척 하며 말해도 될 텐데. 그런 생각을 해봤지만 그렇게 말해 봤자 또 그 아무렇지 않은 표정으로 "기술의 문제입니다."라고 말하겠지.

• • •

다음해가 거의 끝나갈 무렵, 유키가 "아무도 나랑 놀아주지 않아."라고 말하기 시작했다. 어떻게 된 일인지 물어보니 유키는 다른 아이들과 함께 놀고 싶지만, 아이들이 무슨 말을 하는지 알아듣지 못해 무리에 끼지 못하는 기분이 들어 혼자 놀 수밖에 없고, 그러다 보니 외롭다는 것이었다.

내가 보기에는 인간관계의 문제라기보다는 유키의 핀란드어 실력이 좀처럼 나아지질 않는 점(선생님이 하는 말은 알아듣는 정도가 되었지만, 아이들이 하는 말은 알아듣지 못하고, 일상적인 대화를 어려워하는 점)이 원인인 것 같았다.

시간이 지나다 보면 어떻게든 해결될 문제 같았지만, 조금 신경이 쓰여 담임인 마리아 선생님에게 상담해 보았다. 그러자 마리아 선생님은 "그건 큰일이네요. 어떤 대책이 필요할지 교사들과 의논해 보겠습니다."라고 대답했다.

그다음 주에 유키네 반에서는 몇 번이나 다 함께 인형 놀이를 했다고 한다. 나는 '인형 놀이라니 그게 무슨 목적으로 하는 거지?'라며 신기하게 생각했다. 나중에 로타 선생님에게 들은 바로는, 아이들끼리 인형을 이용해 친구를 위로할 때 어떤 말을 해야 좋을지, 혼자 놀고 있는 아이에

지하철역 광고
마스크를 꼈을 때 핀란드인의 감정

게 어떤 타이밍에 어떤 식으로 말을 거는 것이 좋을지, 자신이 혼자 놀고 싶을 때나 친구들과 놀고 싶을 때 어떻게 말하고 어떻게 행동해야 좋을지 등의 상황을 연습했다고 한다.

나는 선생님들의 이러한 대응에 놀랐다. 이런 방법을 쓰면 다양한 상황을 화제에 올릴 수 있을 뿐만 아니라, 지나치게 직접적이지도 않다. 종례 시간에 '친구를 따돌리면 안 돼요!'라고 말로만 가르치는 방법과는 달랐다.

이건 선생님들이 직접 고안해 낸 방법일까, 아니면 교재에 있는 방법일까. 어쩌면 이런 방법이 핀란드뿐만 아니라 모든 교육 관계자들 사이에서는 당연한 일일지도 모른다. 하지만 보호자인 나로서는 놀라우리만큼 기쁜 방법이었다.

이제껏 헬싱키에서 어린이집이나 육아 지원과 관련해서 나와 아이들과 겪은 일, 주변에서 얻은 조언에는 공통점이 있다. 바로 '문제와 기술에 초점을 맞춘다는 것'이었다. 선생님이 아이를 칭찬하거나 꾸짖을 때는 아이의 인격을 칭찬하거나 깎아내리려는 의도가 없었다. 그때의 상황이나 문제에 초점을 맞춰 아이의 행동을 칭찬하거나 변화시키려 했다.

여기에서는 내가 육아 상담을 요청하면, 어머니로서의 마음가짐이라든가 자세 등에 대해 조언하지 않았다. 지금 내가 안고 있는 문제를 해결할 수 있는 구체적인 방안을 제시해 주었다. 이런 방식에 처음에는 조금 냉정하다는 느낌도 받았지만, 지금 생각하면 '상대방을 서로 돕고 싶어 한다(할 것이다).', '상대방에게 악의가 있는 것이 아니다(그럴 것이다).'라는 기본 전제를 가진 상태에서만 가능한 해결책들이었다.

다만 아직 확신할 수는 없지만 세 살이든 서른여섯 살이든 간에 '자기 스스로 결정할 수 있다/해야 한다'라는 생각을 전제로 하고 있었다.

유키네 교실에는 어린이들이 그린 커다란 나무 그림이 붙어 있다. 잎사귀 한 장 한 장이 전부 어린이들이 자신을 상상하며 그린 것으로, 뒷면에는 어린이들이 자신의 장점 가운데 같은 반 친구들에게 알리고 싶은 점을 적어 놓았다. 이런 걸 보면 역시 '너무 아이들의 장점만 보는 건 아닌가?' 싶은 생각이 들었다. 하지만 애초에 저 선생님들은 '장점' 대 '단점'이라는 발상 자체를 하지 않았을 것이다. 이곳의 선생님들에게는 연습이 '부족한 부분'과 '부족하지 않은 부분'이 있을 뿐이다.

오랜 시간이 지나지는 않았지만, 이곳에 살기 시작한 후로 종종 이런 경험을 할 때가 있다. 핀란드(사실 핀란드뿐만이 아닌 북유럽 전체)는 때로 이상향처럼 그려지기도 한다. 또 때로는 '그렇지 않다.', '이것이 핀란드(와 북유럽)의 진실이다.'라는 부정적인 말을 하기도 한다.

하지만 아마 어느 쪽 말이나 정확한 것은 없다. 핀란드는 이상향도 아니지만, 그렇다고 살기에 끔찍한 곳도 아니다. 그저 내가 살던 곳과 다를 뿐이다. 그 차이에 놀랄 때마다 나는 그동안 내가 가지고 있던 편견이나 착각을 깨닫는다. 그리고 아직은 그런 발견이 재미있다.

5

좋은 부모가 되기 위해
필요한 것

어머니도 사람입니다
그리고 사람이어야 합니다

- 상담원, 리타-

나는 스스로를 좋은 엄마라고 생각해 본 적이 없다. 쉽게 욱하고, 억압적이고, 말투도 거칠다.

한 번은 이런 말투를 계속 쓰다가는 아이들까지 말투가 나빠질 것 같아서 최대한 상냥하게 말해야겠다고 생각했다. 그러나 내가 만화《드래곤 볼》에 나오는 프리저(악당이지만 어울리지 않게 존대말을 쓰는 캐릭터-역주) 처럼 말하고 있다는 사실을 깨닫고는 그만두었다. 그런고로 나는 좋은 엄마가 아니다.

좋은 엄마란 어떤 엄마일까. 자식을 위해 헌신하는 여성일까. 하지만 나는 '자식을 위해서'라며 우리 엄마가 어떤 일을 하거나 하지 않는 것을 좋아하지 않았다. 그건 사실 엄마가 하고 싶거나 하고 싶지 않은 것뿐인 거라고 생각했다.

집안일을 완벽하게 해내기(즉, 일일이 만든 요리로 하루 세끼를 차리고, 청소와 세탁 및 기타 이름조차 없는 집안일을 매일 쉬지 않고 하고), 배우자와 사이좋게 지내고, 아이를 애정 어린 마음으로 꾸짖고, 교육을 지원하고, 늘 냉정을 유지하며, 몸가짐을 단정히 하며, 되도록 자녀에게 경제적인 안정을 주는 사람일까. 왜 이렇게 좋은 엄마의 허들이 높은 거야.

우선 나 혼자 그런 일을 다 해내는 것은 불가능하다. 베이비시터와 가정부를 둔다면 가능할지 모르겠지만, 그런 사람을 고용하는 순간, 육아와 가사를 외주에 맡기는 셈이니 '좋은 엄마'에서 실격이다.

로봇청소기와 식기세척기, 냉동식품, 건조기와 세탁기를 전부 사 준다면 가능할지도 모르겠다. 아, 냉동식품을 가족에게 먹이는 것도 안되는 건가? 그리고 세탁물을 빨아서 말리는 것뿐만 아니라, 가지런히 개서 서랍에 정리하는 것까지 다른 사람이나 로봇이 해주면 좋겠다. 좋은 엄마가 되려면 그것도 안되는 건가.

학창 시절에 반년 동안 호주 캔버라에서 유학한 적이

있었다. 캔버라의 국립도서관National Library of Australia에는 일본어 코너가 있어 매달 발행일에서 10일 정도 지나면 일본의 잡지를 읽을 수 있었다. 캔버라에 와서 두 달 정도 지났을 때, 레시피 아이디어를 찾다가 〈오렌지 페이지(음식, 취미, 패션 같은 생활 영역에 관한 내용을 다루는 일본 잡지-역주)〉를 읽었다(참고로 캔버라에서 구할 수 있는 식자재와 학생 기숙사의 공동 부엌에서 해볼 수 있는 레시피는 좀처럼 찾을 수 없었다).

일본의 전통 놀이나 후지산보다 더 일본을 떠올리게 하는 잡지를 보다가 문득 이런 생각이 들었다. 이 잡지에 나오는 사람들은 너무 무리하는 거 아닌가? 잡지에 나오는 대로 다 하려면 혼자서 가족 네 명이 먹을 요리를 만들고, 집도 청소하고, 빨래도 하고, 나름대로 유행에 맞는 옷차림도 하고, 과하지 않은 메이크업도 해야 한다는 건데……번듯하게 산다는 게 참 쉬운 일이 아니구나. 이걸 전부 아내이자 엄마인 한 사람이 매일 해내야 한다고? 그렇다면 나는 아내도, 엄마도 될 수 없을 것 같다. 번듯하게 살기가 너무 어렵네. 다들 에너지가 넘치는구만.

그 당시에는 그렇게 생각했지만, 유학에서 돌아오자마

자 곧바로 결혼식을 올리고 일단 아내가 되었다. 나는 걸핏하면 깊이 생각하지 않고 일단 행동에 옮긴다. 그리고 도중에 '터무니없는 일을 시작했어.'라고 후회하면서도 이제 와서 수습이 안 된다거나 절차상 취소할 수 없다는 등의 이유로 그만두지 못해서 그대로 밀고 나가는 식의 행동을 반복하고는 한다.

대학 입시 때도 그랬다. 대학원 입시 때도 마찬가지였다. 유학에도 그런 면이 없지 않았다. 그리고 결혼식도 마찬가지였다(남편과 친구들 그리고 결혼식을 올린 레스토랑의 지배인님 덕분에 무사히 결혼식을 올릴 수 있었다). 참고로 지금 헬싱키로 이주한 것도 그런 패턴에 정확히 들어맞았다.

결혼 후 2년이 지나 우리는 아이를 갖게 되었다. 당시 나는 모아 둔 돈도 많지 않았고, 미래가 안정적이지도 않았으며(그 당시 나는 3년 계약직이었다), 인간적으로도 미숙하고, 집안일도 잘하지 못했지만, 아직 부모님에게 기댈 수도 있고, 월급도 나오는 지금 상태에서 남편과 함께라면 아이를 낳아도 틀림없이 괜찮을 거라 생각했다. 같은 나이대에 같은 직종에 종사하는 여성들과 비교했을 때, 나는 주변 여건이 매

148

우 좋은 편이었다. 하지만 그렇게 주변 여건이 따라주지 않으면 아이를 낳을 수 없다는 사실은 정말 이상하다.

유키가 태어난 후, 나는 일단 직장에서 실적을 올리려고 필사적으로 애썼다. 직장에서 '저 사람은 아이도 낳았으니 이제 경력을 쌓을 생각이 없겠지.'라는 식으로 보이기 싫었다. 하지만 세상에 태어난 유키는 말랑말랑하고 부드러운 데다 좋은 냄새까지 나는 게 얼마나 사랑스러웠는지 모른다. 잠시만 눈을 떼어도 어떻게 될 것만 같은 아이를 떼어 놓고 직장에 나가고 싶지 않았다.

하지만 반년쯤 지나자 이 깜찍한 생명체와 온종일 함께 있다가는 나라는 존재 자체가 사라질 지도 모른다는 생각이 들기 시작했다. 어린 유키와 함께 있자니 나 혼자만의 시간이 절실해졌다. 반대로 유키를 떼어놓고 있으면 내가 저 귀여운 것을 내버려 둔 채 뭘 하고 있나 싶었다. 그때 처음으로 내가 남자였다면 얼마나 좋을까 생각했다. 어린이집에 유키를 맡기고, 자전거를 타고 당시 비상근직으로 일하던 직장으로 향할 때면 유키와 함께 있지 못하는 나 자신이 바보처럼 느껴져 울기도 했다. 하지만 수업을 시작하면 이것이 바로 내가 하고 싶었던 일이라는 것을 실감했다.

아이를 낳는다고 어떤 일에서 '하차'하지는 않는다. 하지만 예전만큼의 시간과 체력, 집중력을 일에 쏟는 것은 불가능하다. 하지만 일과 육아를 모두 잘하지 않으면 엄마로서나 연구자·교사로서, 혹은 양쪽 모두에서 실격이 되는 것같다.

앞에서도 말했지만, 나는 좋은 엄마가 아니다. 유키가 두 살 반 정도 되었을 무렵, 어린이집 현관에서 유키가 신발을 신겨달라기에 신겨 주었더니 유키가 갑자기 "내가 신고 싶었어!"라며 울더니 신발을 벗어서는 멀리 던져 버렸다. 나는 유키에게 "네가 가서 가져 와!"라며 화를 냈고, 유키는 "싫어! 엄마가 가져 와!"라며 소리를 질렀다. 나는 "엄마는 그러기 싫어! 네가 가지러 가!"라며 다시 화를 냈다. 그 일이 있은 뒤, 한동안 나는 어린이집 사람들에게 '호랑이 중사'로 불렸다.

나는 아이들과 함께 잠자리에 드는 시간을 제외하고는 하루 중 아이들에 대한 애정을 느낄 만한 여유가 거의 없다. 아이들과의 관계를 소홀하게 생각하는 건 아니지만, 그렇다고 육아가 내 인생에서 가장 가치 있는 일이라고 생각하지도 않는다. 내 즐거움이 최선은 아니지만, 아이들의 즐거움을 위해 내가 무언가를 참아야만 하는 상황을 최대한 만들지 않으려고 한다.

식사·빨래·청소·옷 갈아입히기·목욕·화장실·외출 준비 등 가정에 필요한 일은 전부 한다. 아이들에게 화를 내면 나중에 사과한다. 하루에 한 번 이상은 아이들에게 어떤 식으로든 고마운 감정을 표현하려고 한다. 이 정도로 엄마의 역할을 이해해 줄 수는 없을까. 사람들이 엄마로서 짊어져야 할 역할에 대해 떠들어대는 말을 보면, 과연 엄마라는 삶의 허들이 어디까지 높아질까 싶다. 이런 생각을 하는 내 수준이 낮은 건가.

일이 있을 때마다 남편과 나는 한국이나 대만, 싱가포르, 캐나다, 미국까지 어린 유키와 구마를 데리고 다녔다. 어느 도시에 가도 길에서 마주치는 사람들이나 전철에 함께 탄 사람들은 갓난아기에게 친절했다.

특히 한국과 대만과 싱가포르에서 만난 할아버지들은 유키나 구마가 콧물을 흘리면 묻지도 않고 닦아 주었다. 사탕이나 초콜릿을 주거나(자기보다 어린 사람에게 사탕을 주는 것은 오사카의 아주머니들만이 아닌 모양이다) 뭔가를 흉내 내며 아이들을 웃게 해주었다. 시카고의 거리에서는 웬 낯선 여성이 나를 향해 "하이, 스위트하트!"라고 웃으며 손을 흔들기에 '어머, 내가 그렇게 귀여운가. 난 이미 서른이 넘었는데.'라고 생각했었다. 그리고 바로 내 등 뒤에 업혀 있던 구마에게 한 말이라는 사실을 깨닫기도 했다. 이제껏 내 모습을 생각해 보면 단 한 번도 여유로운 부모처럼 보인 적이 없었을 것이다. 그러니 주변 사람들이 그렇게 친절하게 대해 준 것일지도 모른다.

　삼 년 전에 처음 핀란드에 왔을 때, 아이들이 좋은 의미에서 방치되고 있다는 게 마음에 들었다. 어린이집 선생님들도, 슈퍼마켓의 점원도, 아파트에 사는 이웃도 저마다 하고 싶은 일을, 하고 싶은 대로 하는 모습을 나는 그저 멀리서 지켜보기만 했다. 이곳에서는 아이들조차도 스스로 하고 싶은 일이 무엇이고, 그것을 어디까지 할 수 있는지, 또 해도 되는지를 판단하는 능력이 있어 어지간한 일은 일어나지 않을 거라는 전제를 사람들이 공유하는 듯이 보였다.

'아니, 그럴 리는 없어요.'라고 이의를 제기할 사람도 있을 것이다. 높은 곳에서 떨어져서 다치면 어떡할 건데. 나 역시 유키가 침대에서 떨어져 머리를 부딪힌 후에 구토를 해서 구급차를 부른 적이 있었다.

하지만 유키와 구마에게 스스로 어디까지 할 수 있는지 시험할 기회를 줄 수 있다면 나는 되도록 많이 주고 싶다. 가능한 한 많이 실패해 보고, 많이 아파 봤으면 좋겠다.

나이를 먹은 후에 실패하면 타격이 크다. 정신적으로나 육체적으로도 회복이 더디다. 유키와 구마도 회복하는 시간은 앞으로 점점 더 더뎌질 것이다. 모범적이지는 않지만 지금까지 어찌저찌 아이들을 키워 왔는데, 이 또한 남편이 곁에 있고 급할 때는 기댈 수 있는 부모님이 계셨기에 가능했다. 하지만 헬싱키에는 부모님이 안 계시다. 남편도 곁에 거의 없다.

이곳에는 깊은 애정이나 번듯한 삶과는 거리가 멀고, 억압적인데다 말투도 거칠고, 휴일이든 평일이든 하루 네 시간 정도는 혼자만의 시간을 보내고 싶어 하는 나밖에 없다. 그리고 팬데믹으로, 핀란드에서도 일본에서도 아이들이 모일 만한 장소, 성인들이 실제로 만나 교류할 기회가 거의 사라져 버렸다.

11월 무렵부터는 밤 9시에 아이들을 재우고 난 뒤, 새벽 2시 반~3시쯤에 혼자 눈이 떠져 두 시간 정도 계속 잠들지 못하는 날이 이어졌다. 겨울 방학이 되면 나도 당분간 일을 쉬게 될 테니 나아질거라 생각했지만, 새해가 되어도 불면 증상이 나아지지 않았다.

심지어 1월 말부터는 나 자신이 엄마로서 자격이 없는 것이 아닐까 하는 생각에 빠지기 시작했다. '유키나 구마를 돌봐 줄 사람만 있다면 딱히 그게 내가 아니더라도 되지 않나? 너무 당연한 소리라 새삼스러울 게 없나?'라는 생각이 머리를 떠나지 않았다.

유키나 구마가 무언가를 사달라고 조를 때마다, 아이들에게 나는 그저 그들의 요구를 충족시켜 주는 사람에 불과하다는 생각, 그리고 그나마도 무엇 하나 제대로 충족시켜 주지 못한다는 생각에 불안해졌다. 두 아이를 데리고 급히 나가야 할 때, 아이들이 신발을 신겨 달라며 울거나 눈 내린 날에 아이들이 어린이집까지 자신들을 썰매에 태워 끌고 가라고 할 때(내가 눈 속에 파묻힐 때도 있었고 두 아이의 무게가

만만치 않아서 마흔을 바라보는 나는 힘들었다)마다 내가 아이들의 시종도 아닌데 왜 이렇게 해야 하나 싶은 지경에 이르렀다.

어쩌면 아이들에게는 엄마도 시종과 다를 바가 없나? 어쩌면 나보다 가사도우미가 좋은 엄마의 역할을 잘하지 않을까? 아이들이 나를 좋아하는 건, 딱히 나라는 사람이 아니라, 자신들을 돌봐 줄 어른이 따로 없어서가 아닐까? 어느 날 내가 갑자기 사라진다고 해도 나를 대신할 어른이 있다면 아무 문제가 없지 않을까? 오히려 내가 아닌 사람이 아이들을 더 잘 돌볼 수 있지 않을까? 하는 생각이 꼬리에 꼬리를 물었다.

아무래도 문제가 있어 보였다. 누구에게 문제인가 따진다면 아이들에게였다. 아이들에게 머릿속이 온통 자신에 대한 고민으로 가득한 성인과 살아야만 하는 것만큼 큰 문제는 없다. 그런 생각 끝에 나는 헬싱키에 있는 어느 외국인 가족 전용 전화상담소에 전화를 걸었다. 통화음이 네 번 정도 울리자 상담원이 전화를 받았다. 나와 비슷한 연배로 보이는 여성의 목소리가 들렸다. 그녀는 내가 이야기를 마칠 때까지 맞장구를 치며 내 이야기를 들어 주었다. 그런 다음 여러 질문을 했다.

언제부터 잠을 못 이루게 되었나요? 배우자분은 지금
어디에 계신가요? 지금 직장에서 풀타임으로 근무하시나
요? 아이들은 어린이집에 다니고 있나요? 등등. 그러더니
몇 가지 구체적인 방안을 제안해 주었다. 어쩐지 회사에서
하는 회의 같았다. 상담원은 자기 일을 하는 것이니 일처럼
느껴지는 게 당연한 건지도 모른다.

상담원은 우선 "어린이집 선생님과 상담해서 아이들
을 맡기는 시간을 연장해 보세요. 대신 그 시간에 회사 일은
하지 마세요."라고 제안했다. 머릿 속으로 '보나 마나 그 시
간에 일을 할텐데…….'라고 생각하다가 곧바로 들켜 주의
를 받았다. "지금은 팬데믹으로 각종 행사가 전면 금지되어
있어서 온라인 모임만 가능한 상태에요. 페이스북에 이민
여성이나 싱글맘을 위한 그룹이 있어 소개해 드리고 싶은
데, 혹시 페이스북 계정이 있으신가요?"

"이 밖에도 거주 지역의 네우볼라Neuvola(임신 기간부터 취
학 전까지 육아 세대를 지원하는 제도)에 전화를 걸어 보세요. 그리
고 MLLThe Mannerheim League for Child Welfare(아동복지를 위한 매너하임 연
맹)에 이민자 어머니와 그 지역 핀란드인 어머니를 위한 소

사이어티society가 만들어져 있을 거예요. MLL의 웹사이트에서 소사이어티에 대해 검색해 보세요." 라는 말을 들었다.

창피한 말이지만, 사회학을 전공했음에도 불구하고 상담원이 "소사이어티에 가입해 보는 것은 어떠세요?"라는 제안을 했을 때, '소사이어티'가 '소집단'이나 '중간단체'라는 의미임을 알아차리지 못했다. 그래서 '네? 사회요? 아니, 저는 이미 일을 하고 있어서요. 이미 사회인인데요?'라고 말할 뻔했다.

분명히 소사이어티에는 국가와 개인 사이에 존재하는 다양한 조직이나 집단이라는 의미도 있다. 하지만 나는 그 점을 완전히 잊고 있었다.

'소사이어티에 가입해 보세요.'라는 조언은 '같은 또래 아기를 가진 친구를 사귀어 보세요.'같은 조언과는 조금 의미가 다르다. 아기 엄마인 친구를 사귀라는 말은 실제로 친구를 사귀는 것을 온전히 나에게 맡기는, 내 책임인 듯한 기분이 든다. 하지만 소사이어티에 가입한다는 것은 처음부터 다른 '아기 엄마'와 내가 일대일로 관계를 맺을 일은 없다는 의미다. 내 상황에 맞게 자유롭게 드나들 수 있는 단체가 여러 곳 있고, 개인이 각자 원하는 곳에 들어가는 것이다.

유키의 담임 선생님은 학부모회에서 "아이들이 친구를 사귈 수 있도록 선생님은 어떤 노력을 하고 계시나요?"라는 질문에 '친구를 만드는 일보다 아이들이 함께 노는 순간을 늘리는 데에 초점을 맞춘다.'라고 대답했다. 친구이기에 함께 노는 게 아니라, 함께 노는 사람을(그때, 그 자리에서) 친구라고 부르는 건가. 그러한 발상은 매우 신선하게 다가왔다. 상담원의 조언은 그것과 비슷한 느낌이었다.

마지막으로 상담원은 "평일 아침 8시부터 오후 4시 사이에 화가 가라앉지 않거나 정신적으로 괴로울 때는 여기로 전화를 주세요. 제가 응대하겠습니다. 주말에는 이곳으로 전화 주세요."라며 전화번호를 가르쳐 주었다. 그렇게 부담 없이 상담원에게 전화를 걸어도 되는지 궁금했지만, 괜찮겠지 싶었다. 오히려 내가 아이들에게 소리를 지르거나 짜증을 내면서 아이들을 학대하는 것이 더 심각한 문제가 될 테니.

전화를 끊은 뒤 나는 일단 소사이어티에 가입해 보기로 했다. MLL의 웹사이트에서 어머니 클럽에 참가 신청을 하고, 내가 사는 지역에 있는 외국인 여성·어머니의 SNS 그룹에 가입했다.

그리고 네우볼라의 상담 신청서에 전화로 이야기한 내용을 적었다. 지난 가을부터 한밤중에 자꾸만 눈이 떠져서 낮에도 피로감이 남아 있고, 나 자신이 가치 없게 느껴지며, 아이들의 사소한 말에도 불필요할 정도로 화를 내게 된다 등등. 내 이름과 주소, 전화번호, 메일주소, 연락받기 편한 시간대를 적어 보냈다.

• • •

네우볼라에 상담 신청서를 보내자 그다음 날 집에서 가장 가까운 지역의 네우볼라에서 전화가 왔다. 전화를 건 여성은 자신을 리타라고 소개했다. 우선 한밤중에 눈이 떠지는 이유로 짐작이 가는 것이 있는지 물었다. 딱히 떠오르는 것이 없었지만, 유키와 구마와 함께 자다 보면 구마가 잠결에 나를 발로 세게 찰 때가 있어 그 이야기를 했다.

그러자 리타가 "자녀분들을 따로 재워 보세요."라고 했다. 그리고 "상태를 들어보니 가벼운 번아웃 증후군 같은데, 직장에서 건강진단을 받아 보세요."라고 말했다.

그러고 보니 지금의 직장으로 옮긴 후, 한 번도 건강진단을 받은 적이 없었다. 내 마음대로 건강진단을 받으러 가도 되는지조차 알지 못했다.

아이들을 따로 재운다는 것은 흔히 말하는 '혼자 재우기 연습'이다. 두 아이가 갓난아기일 때 잠시 한 적이 있지만, 아이들이 어느 정도 크고 난 후에는 두 아이 모두 나와 남편 곁에 이불을 깔고 잤다. 헬싱키에 온 후에도 아동용 침대가 따로 있는데도 마찬가지로 우리 부부와 같이 잤다.

리타는 아이들을 따로 재우는 방법도 소개해주었다. 방법은 다음과 같았다.

스텝 1 준비

- 약 일주일 전에 앞으로 일어날 새로운 프로젝트(이 경우에는 '아이들끼리 따로 자기'지만, 이사나 기저귀 떼기나 모유 수유 중단에도 적용 가능)에 대해 설명한다.
- 이 프로젝트를 완수하면 가족들에게 저마다 어떤 좋은 점이 있는지 단순하고 명확하게 강조하는 것이 중요하다.
- 그 후 일주일 동안 여러 번 이를 되새기며 의욕을 북돋아준다.

스텝 2 실시

- 전날까지는 의욕을 북돋지만, 당일에는 담담하게 생활한다.
- 어린이집에서 집에 돌아와 평소에 저녁부터 밤까지 하는 일의 순서나 내용, 시간대 등을 절대 바꾸지 않는다.
- 잘 시간이 되면 아이들을 방에 데려가서 "잘 자렴."이라고 말한 다음 불을 끄고 간다.
- 아이가 깨서 방으로 찾아오면(아마도 그럴 것이다) 담담하지만 단호하게(no pressure!) "자자."라고 말하고 다시 아이 방으로 데려간다.
- 이것을 계속 반복한다.

스텝 3 정착
- 스텝 2를 하룻밤 동안 무사히 지내면 다음 날 아침에 보상(칭찬 스티커 등)을 준다.
- 스텝 2를 3일, 1주, 2주간 지속하면 그때마다 보상(그림책을 여러 권 읽어 주거나 함께 그림을 그리는 등)을 준다.

내가 "그게 그렇게 잘 될까요?"라고 걱정스럽게 되묻자 리타는 "괜찮아요."라고 단언했다. 그렇게 쉽게 장담하다니.

통화하는 김에 나는 구마가 요즘 들어 반항이 매우 심해졌다는 이야기도 했다. "둘째 아이가 이제 세 살이 되었는데, 툭하면 싫다고 하고 화를 심하게 내요. 그러니 저도 덩달아 큰 소리를 내었다가 나중에 후회하게 돼요. 어쩌면 좋을까요?"라고 물었다.

리타의 답변은 다음과 같았다.

"어머님도, 자제분도 화내고 싶을 때 마음껏 화를 낼 권리가 있어요. 다만, 그와 동시에 화를 내는 행동으로는 다른 사람을 움직일 수는 없다는 점 또한 배워야 합니다."

"화를 내서 다른 사람을 움직이면 둘 사이의 인간관계가 망가지고, 건강한 관계를 구축할 수 없어요. 자제분에게 그러한 점을 알아듣기 쉽게 설명하면 어떨까요. 화를 내도 되지만, 화를 내도 엄마의 대응은 변하지 않을 거라고 말이지요."

"물론 어머님도 화를 내는 것으로 자제분을 움직이게 할 수는 없어요."

"화가 났을 때는 자제분에게 소리를 지르지 말고 이쪽

으로 전화를 주세요."

'화를 내면 안 됩니다.'라는 말을 들을 줄 알았는데, 아니었다. 하지만 리타가 알려준 방법은 '화내지 마!'라는 말보다 더 어려울 수도 있다.

3월 초에는 리타가 우리 집을 방문했다. 내가 전화를 걸었을 때, "그럼 언제 한번 댁에 방문해도 될까요?"라고 묻길래 내가 "꼭 오세요!"라고 부탁했다. 리타는 약 한 시간 동안 내 몸 상태부터 육아까지 상담해 주었다.

"유키가 혼자 했으면 하는 일이 있는데, 스스로 알아서 하질 않아요."라고 말했더니 "일주일 동안 기다려 보세요. 한 번은 알아서 하는 순간이 틀림없이 있을 거예요. 그 순간을 놓치지 말고 어떤 식으로든 보상을 주세요. 꼭 과자나 장난감이 아니어도 돼요. 어머님이 따님의 행동에 기뻐한다는 사실만 잘 전달하면 충분해요. 과자를 줘도 되지만, 단것을 자주 먹으면 충치가 생기니까요."라고 조언해 주었다.

또 내가 "구마가 무언가 마음에 들지 않으면 물건을 던지거나 누나에게 손을 올리는 행동을 해요."라고 말하자 리타는 "손을 올리면 그 손을 꽉 잡고, 아이의 눈을 보며 조용히 '다른 사람을 때리면 안 돼.'라고 말하세요. 그리고 어머님은 자제분이 무엇을 어떤 식으로 느끼는지 알고 계시지요? 그것을 천천히 작은 목소리로 언어화해 보시면 어떨까요. 어머님에게나 자제분에게 모두 감정을 인식하는 가이드가 되어 줄 거예요."라고 대답했다. 이런 식으로 이야기를 주고받으면서 나는 나와 리타의 관점의 차이를 실감했다.

무엇보다 집까지 찾아와 내 이야기를 차분히 들어준 것만으로도 큰 도움이 되었다. 헬싱키는 여유가 있구나. 아니, 주민세가 교토시의 두 배이니 이 정도는 해주어야 본전을 건지는 걸지도 모르겠다.

그 후, 한 달 뒤에 나는 다시 리타에게 한 시간 정도 상담을 받았다. 그날의 주제는 내가 아이들에게 지나치게 화를 낸다는 점이었다. 아무리 생각해도 부모가 세 살이나 일곱 살 아이에게 격분하는 건 문제가 있다. 하지만 한 번 화를 내기 시작하면 멈추질 못했고, 화를 낼 일이 은근히 자주 생겼다. 어떡해야 할까.

리타의 답변은 내가 상상했던 것과는 조금 달랐다. 리

타는 먼저 "어머니도 사람입니다. 그리고 사람이어야 합니다Mothers can be, and should be, humans!."라고 말했다.

그러고는 화를 내는 건 괜찮다. 오히려 화를 올바른 방법으로 내면 아이에게도 좋은 교육이 될 수 있다. 화나 슬픔을 표현함으로써 아이에게 '네가 이런 행동이나 말을 하면 상대방이 화를 내거나 슬퍼한다.'라는 사실을 가르치게 되니까. 게다가 지금의 나는 아무리 생각해도 '인생의 절정기 ruuhkavuodet, peak years'이며, 내가 난처한 상황에서만 화를 낸다는 점을 고려했을 때, 지금처럼 자주 화를 내는 것이 이상하지 않다.

애초에 화를 내는 행동 자체는 문제가 없다. 분노 자체에는 파괴적인 요소가 없다. 그것이 학대에 가까운 말과 행동으로 이어지지만 않으면 된다. 감정 자체는 좋지도 나쁘지도 않으며 그저 존재할 뿐이라는 이야기도 했다. 그러고는 "어머님이 어떠한 순간에도 엄마로서 참아야 한다고 여긴다면 자녀들에게 '엄마는 무슨 일이 있어도 참아야만 하는 존재다.'라고 가르치는 셈이 됩니다."라는 말도 했다. 아니, 뭐 솔직히 그 정도로 참지는 않았지만.

그래서 리타는 그런 상황에서 화를 내거나 아이들을

혼냈을 때, 다음과 같은 구체적인 방법을 제안했다.

1. tunnepuhe(emotional speaking, 자신의 감정을 언어화하는 것)과 스스로 타임아웃

"엄마 지금 몹시 화났어! 그러니까 얼른 화장실(마당·침실·현관 등 어디든) 다녀 와!"라고 말하고 자리를 뜨자. 아이가 없는 곳에서 물건을 던지든 베개를 때리든 마음대로 한다.

2. selvittely(rewinding, 감정 풀기) 또는 vertaissovittelu

어떤 일로 화가 났는지 확인하자. "엄마가 아까 이렇게 말했을 때, 네가 이렇게 말대꾸했지? 그게 싫었어."라는 식으로 상대방의 어떠한 발언이나 행동에 자신이 화를 내고 있는지를 설명하고, 상대방에게 설명을 요구한다. 서로 과거에 일어난 일에 대해 공통된 이해에 도달하자.

3. 사과

만약 당신이 폭력적이거나 학대에 가까운 발언·행동을 했다는 생각이 든다면 그 점에 대해 사과하자. 아이는 가까운 사람에게서 분노를 표현하는 방법과 사과하는 방법을 배워야만 하므로 당신이 그 모범이 된다.

리타의 상담은 마치 핀란드어 강좌 같은 느낌마저 들었다. 리타, 당신은 표정 변화도 거의 없고, 기본적으로 논리적인 말만 하고 있지만, 정말이지 헬싱키시에 고용된 천사 같아요.

리타의 조언에 감명을 받으면서도 나는 부모가 해야할 일이 너무 많은 것 같은 느낌을 지울 수 없었다. 화를 낼 때조차 그냥 소리를 지르면 안 되는구나(일단 아이들이 없는 곳에 가서 화를 풀면 되는 모양이지만, 그 후에 도움이 필요하다). 하지만 내 감정이 향하는 대로 화를 내거나 물건을 집어 던졌다가는 아이를 망치는 나쁜 부모의 길로 빠지고 만다.

아이를 망치는 부모는 어떻게 생겨날까? 우리 조부모님들은 그들의 자녀에게 결코 좋은 부모가 아니었다. 외할아버지는 외할머니가 아닌 여성과 몇 번이나 바람을 피웠다. 친할머니는 자신의 딸을 남의 집에 더부살이로 보내고는 딸이 번 돈을 대부분 빼앗아 갔다. 친할아버지는 집에 있던 돈을 전부 들고 나가 도박을 했고, 자신의 아내와 자식들에게 폭력을 가했다.

요즘 같으면 모두 나쁜 부모 수준이 아니라, 아동학대 사건이 되었을 것이다. 그런데도 우리 아버지와 큰아버지, 고모들은 그런 친할머니를 깊이 존경했다. 친할아버지는 자신을 때린 당신의 둘째 아들(즉, 우리 큰아버지 중 한 명)을 용서하지 않았다. 외할아버지는 엄마의 극진한 간호를 받으며 많은 사람에게 둘러싸인 채로 눈을 감으셨다.

나는 우리 부모님이 인격적으로 문제가 없다거나 사회적으로 훌륭하다고 생각하지 않는다. 그래도 그분들은 당신들의 부모를 나쁜 부모라 부를 필요도 없었고, 교육을 받았으며, 취직도 했고, 결혼해서 자식도 낳았고, 퇴직할 때까지 직장 생활도 계속했다. 우리 부모님 세대하고만 비교해도 오늘날은 가족에게 기대하는 역할이 너무 크다.

나는 육아가 부담스럽지 않다. 힘든 일도 많지만 아이가 자라는 모습을 지켜보는 것은 즐겁다. 무엇보다 내가 아이들을 사랑하는 양보다 아이들이 나를 사랑하는 양이 훨씬 많다. 사랑이 아니라 의존일 수도 있지만, 나는 사랑과 의존을 어떻게 구분해야 할지 모르겠다.

아이들을 덕분에 경험하는 일도 많고, 그러한 경험에서 깨달음을 얻기도 한다. 아이들이 없었다면 이 글도 쓰지 못했을 것이다. 모든 것을 종합했을 때, 육아는 본전은 충분히 건지고도 남는다.

나는 단지 내가 아이들에게 심한 행동을 하는 것과 그러한 권능이 내게 있다는 사실이 싫다. 아이가 의존할 수 있는 사람이 부모밖에 없다면 그 부모의 권력은 얼마나 거대한가.

아이를 낳든 낳지 않든, 기르든 기르지 않든, 어떤 식으로 길러도 어떤 식으로든 비판을 받거나 안 좋은 소리를 듣는다면 누가 육아를 하고 싶을까. 나쁜 부모를 대량 생산하는 시스템, 근대화와 그런 시스템의 변화 속에 있기에 이렇게나 가족이 문제시되는 것이다.

가족에게 살해당한 사람은 근대화 이전에도 수없이 많았을 것이다. 가족은 감옥이 될 수도 있다. 가족에게 상처받고, 가족을 부담스러워하는 사람이 많아지는 것은 가족에게 부여된 역할이 크고, 거기에 가족이 아닌 사람이 개입할 기회가 제한되어 있기 때문이다.

근대가족은 나쁜 부모를 낳는다. 부모의 권력과 부모

를 비판하는 규범을 모두 낳는다. 자식의 취직이 늦어지거나 자식 세대가 부모 세대보다 경제적으로 궁핍해 '자립'이 늦어진다면, 자식이 부모 자식 관계에 대해 고민하는 시간이나 기회는 한층 늘어난다.

나는 많은 사람과의 관계 속에서만 정상적인 인간으로 있을 수 있다. 나는 나를 두렵게 하고, 긴장하게 하고, 부끄럽게 하는 사람들 앞에서 그나마 멀쩡하게 굴 수 있다. 그렇지 않으면 나는 내가 가진 힘에 취해 오만하게 굴고, 아무렇지 않게 누군가를 상처입힐 것이다.

아이와 부모만의 관계는 위험하다. 사회가, 즉 제도와 규범과 다양한 인간관계가 개입하지 않으면 나는 아이들에게 위험한 존재가 된다.

• • •

가을 무렵에 구마를 데리고 3세 아동을 대상으로 하는 건강검진을 받으러 갔다. 인근 테르베유스케스쿠스 Terveyskeskus (가정의·치과의사·육아지원실이 함께 있는 건강 센터)에서 한 시간 정도 시간을 들여 나와 구마, 보건 지도사 셋이서 신체 계측과 언어 능력·발달 진단을 차근차근 진행했다.

육아지원실이 있는 복도에 여성의 옆얼굴과 갓난아기의 손이 담긴 사진 밑에 'Älä jää yksin혼자 있지 마'라고 적힌 포스터가 붙어 있었다. 구마가 그것을 보더니 "뭐라고 적힌 거야?"라고 물었다. 내가 "혼자 있지 말라고 적혀 있어."라고 대답하자 구마는 "엄마가?"라고 계속 물었다.

구마의 말에 나도 모르게 "어째서 우리는 이 사진만 보고 사진 속 여성이 이 작은 손의 주인인 갓난아기로 추정되는 인물의 엄마일 것이라 추측하고, '혼자 있지 말라'는 문구 또한 아이를 키우는 여성을 향한 메시지라는 걸 알아차릴 수 있을까. 그 점부터 먼저 생각해 볼까?"라는 말이 튀어나올 뻔했다. 하지만 실제로는 "그런 것 같아. 아빠는 어디 갔을까?"라고 대답했다.

그 포스터에서 '아빠'는 어디로 간 걸까. 이 엄마가 왜 혼자가 되었는지는 핀란드의 육아 지원제도에서 답을 찾을 수 있다. 그 여성은 아마도 재택 육아 수당을 받으면서 아이와 둘이 집에 남았을 것이다. 당시 재택 육아 수당은 아이가 태어난 후, 만 세 살이 될 때까지 받을 수 있었다.

다카하시 무쓰코高橋睦子는 핀란드의 육아 지원이 역사적으로 두 단계에 걸쳐 발전되어 온 점을 지적했다.[*] 먼저 보육 서비스를 정비하고, 사회보장제도에 출산 휴가·육아 휴직을 도입하고, 육아의 일부를 가족으로부터 분리하는 동시에 한 살 미만의 아이가 부모의 돌봄을 받을 수 있도록 시간과 경제적 보장을 확보했다.

그다음으로 원래 여성만 쓸 수 있던 출산 휴가·육아 휴직 제도를 남성(더 나아가 동성 커플이나 사실혼 관계인 커플 등 다양한 가족관계)에게까지 확대하고, 재택 육아 수당을 지원하기 시작했다. 재택 육아 수당은 소련의 붕괴와 함께 핀란드가 극심한 불황에 시달렸던 1990년대에 확충되기 시작했다. 그러나 '1990년대 노동시장의 상황으로 미루어 봤을 때, 재택 육아 수당은 실질적으로는 여성 실업 대책의 일환이라는 의미가 있었다. 재택 육아 수당은 대다수 어머니가 지지하지만 이러한 배경에는(아버지보다도) 어머니의 육아를 선호하는 경향(젠더 역할)과 고용 문제가 공존하고 있다.[**]'라

• 다카하시 무쓰코(高橋睦子) '육아 지원과 가족의 변모'《핀란드의 육아와 보육》아카시쇼텐(明石書店), 2007년, pp.148-195, pp.170-171

•• 위와 같음, pp.148-195, p.171

는 지적을 받는 것도 당연하다.

핀란드에서는 희망하는 보호자와 자녀에게 지자체가 보육을 제공해야 한다고 법으로 정하고 있지만, 0~2세 아동의 어린이집 이용률이 28%에 그치고 있다.• 이 수치는 다른 북유럽 국가나 OECD 평균보다도 낮으며, 일본의 0~2세 아동의 어린이집 이용률과 거의 다르지 않다.••

3세 아동의 어린이집 이용률은 68%, 4세 아동이 되면 74%로 상당히 증가하지만, 그래도 일본(3세 아동=80% 이상)보다 낮으며, OECD 평균(3세 아동=71%, 4세 아동=86%)과 비교해도 낮다.••• 6세가 되어 취학 전 준비 교육(=의무교육)을 시작하면 그 비율이 거의 100%에 가까워져 EU 회원국 전체의 비율이나 다른 북유럽 국가와 비슷한 수준이 된다.••••

이러한 상황의 원인으로 지적받는 것이 바로 재택 육

• 2016sus 정보. 참고로 OECD 평균치는 33%, 덴마크·아이슬란드·룩셈부르크·노르웨이·네덜란드는 50% 이상. OECD, 2016, "Starting Strong IV: Early childhood education and care data country note/Finland", p.8

•• 위와 같음, p.9, Figure 5, 다만 데이터는 2013년 것

••• 위와 같음, p.10, Figure 6

•••• Finnish National Agency for Education, 2018, "Key figures on early childhood and basic education in Finland"

아 수당으로, 고학력에다 고용기회가 많은 여성은 재택 육아 수당을 단기간만 받고 직장에 비교적 빨리 복귀하는 반면, 학력이 낮고 고용기회에 제약을 받기 쉬운 여성들은 수당을 오래 수급하는 경향이 있다.[*]

바꿔 말하면 핀란드의 육아 지원 정책은 남성이 출산 휴가·육아 휴직을 받기 쉽게 해서 아버지들의 육아 참여를 촉진하는 한편, 특정 여성들과 그 자녀에 대해서는 '3세까지 부모의 손에 자라는 것'을 정책적으로 지원한다는 뜻이다. 다카하시는 밀러와 워먼의 저술을 인용해 이러한 상태에 대해 '핀란드의 육아 지원제도는 육아에서 남녀평등을 추진하기보다는, 오히려 여성의 육아와 노동 양립을 일차적인 정책 목표로 기능해 왔다[**](Millar & Warman, 1996, p.31).'라고 지적한다.

현 대통령 사울리 베이내뫼 니니스퇴[Sauli Väinämö Niinistö

- 다카하시 무쓰코(高橋睦子) '육아 지원과 가족의 변모'《핀란드의 육아와 보육》pp.148-195, p.172

- 다카하시 무쓰코(高橋睦子), '핀란드 복지국가의 젠더 바이어스와 페미니스트 딜레마' 〈비교문화(比較文化)〉 vol.5, 1999년, pp.191-208, p.204

(보수 성향의 정당인 국민연합 소속)는 과거에 양친이 모두 실업 상태인 경우에도, 자녀의 지자체 보육을 보장해야 한다는 주장에 대해 "자녀와 함께 보낼 시간이 있는데도 부모가 자녀에게서 도망치려 하는 행동은 인도적으로 받아들이기 힘들다."라고 밝힌 적이 있다.•

니니스퇴의 발언은 어머니만을 향한 것이 아니다. 아버지도, 동성 커플도, 양자 결연이나 이혼·재혼으로 생겨난 가정에서도 부모는 자녀에게서 도망치려 해서는 안 된다. 하지만 만약 부모가 자녀에게서 혹은 자녀가 부모에게서 도망칠 수 없다면 오히려 그 상황에서 더 인도적으로 받아들이기 힘든 일이 벌어질 수도 있다. 도망칠 길은 많은 편이 좋다.

나는 우리 가족을 사랑한다. 하지만 가족이란 것이 모두 그리 멋진 것일까. 한 번 만들고 나면 돌이킬 수도 없고, 도망갈 길도 없는 무서운 조직을 적극적으로 만들고 싶어 하는 사람이 과연 그렇게 많을까.

• 다카하시 무쓰코(高橋睦子) '육아 지원과 가족의 변모'《핀란드의 육아와 보육》pp.149-195, p.176

재택 육아 수당은 원래 자녀를 낳은 순간부터 세 살이 될 때까지 받을 수 있었다. 하지만 2021년 8월부터 이러한 재택 육아 수당이 단축되었다. 여성의 노동 참여율을 높이려는 정부의 방침때문이었다.

핀란드의 기업활동 연구단체인 EVA는 핀란드에 거주하는 이민자 여성(20~64세)의 노동 참여율은 50% 미만으로, 스웨덴·노르웨이·덴마크에 비해 낮은 수준에 있다고 지적했다. EVA에 근무하는 경제학자 산나 쿠로넨Sanna Kurronen은 그 이유를 재택 육아 수당과 핀란드의 경직된 학력 관습, 그리고 취업 차별에서 찾고 있다.[*] 핀란드 이외의 국가에서 취득한 학위나 자격이 좀처럼 인정받지 못하는 점은 지금까지도 계속 지적되는 부분이다.[**]

같은 자격·학력을 가졌다면 소말리아계 이름을 가진 사람보다 핀란드계 이름을 가진 사람이 면접 기회가 많다. 헬싱키대학교의 아흐메드 아흘락Ahmad Akhlaq의 논문에서

- EVA, 2021년 2월 9일, "Maahanmuuttajanaisten heikko työllisyys heijastuu heidän lastensa pärjäämiseen"
- YLE, 2021sus 1월 18일, "Finding a job in Finland was not easy"- Racism, discrimination hinder foreign graduates' job hunts"

지적한 부분이다.

그의 논문에 따르면 어떤 일에 500명이 지원했다면, 핀란드계 여성의 이름을 가진 사람은 220명이 면접을 볼 수 있지만, 소말리아계 남성의 이름을 가진 사람은 면접까지 가는 수가 30명 정도였다.[*] 또 핀란드에 이주한 사람이나 그 자녀 세대의 평생 임금은 핀란드 출신에다 핀란드계 이름을 가지고 있고, 핀란드어를 모국어로 하는 사람보다 낮은 경향이 있었다.[**]

이러한 보도나 실험 결과를 보면 이민자 여성의 노동 참여율을 높이는 방법은 재택 육아 수당 폐지보다는 핀란드에서 취직할 때 외국에서 취득한 학력이나 자격을 활용할 수 있도록 기업에 변화를 촉구하고, 취업이나 취직 후 차별을 개선하는 편이 더 효과적이지 않을까 싶다. 그러나 핀란드 정부는 이민자의 취업과 관련한 차별에 관여하기보다는 재택 육아 수당의 지급 기간을 단축하는 방법을 택했다.

---

[*] Ahmad Akhlaq, 2019, "When the name matters: an experimental investigation of ethnic discrimination in the Finnish Labor Market", Sociological Inquiry, vol.90(3)

[**] YLE, 2019sus 2월 11일, "I'm broken, depressed": Foreigners struggle to find wo가 in Finland"

2021년 이후부터 아이들은 한 살 반이 되면 어린이집에 다니거나 재택 육아 수당 없이 부모의 돌봄을 받아야 한다. 아마도 어린이집 이용자가 늘어나겠지만, 어린이집이나 보육사를 늘리는 시책은 적어도 헬싱키 수도권에서는 정해진 바가 없다. 핀란드에서 보육사가 받는 급여는 2018년 기준으로 2,356유로 정도로, 같은 해 국내 평균(3,547유로)보다 1,200유로 정도 낮다.•

전체적으로 무엇을 하고 싶은 걸까. 만약 재택 육아 수당의 폐지 목적이 여성(이민자 여성)의 취업 증가가 아니라, 국가나 지자체의 지출 감소라면 합리적인 방법이다. 하지만 미래 세대가 짊어져야 할 부담을 덜어 주려고 국가나 지자체의 지출을 줄였다가 오히려 미래 세대가 태어나지 않게 된 나라가 있다. 일본이라고 하는 나라다.

• • •

아이를 낳은 뒤로 나는 '어머니의 날'이 싫어졌다. 아니, 나를 낳아준 어머니에게 일 년에 하루만 감사한다니 말

• YLE, 2019년 1월 4일, "Modest pay hike for daycare teachers in capital region"

이 되는가. 감사할 거라면 매일, 하루에 몇 번이라도 감사했으면 좋겠다. 게다가 어머니라는 이유로, 추상적이고 막연한 감사를 받아 봤자, 뭐가 기쁠까? 어머니의 날을 축하하고 싶은 사람만 축하하면 되지.

세상에는 어머니에 대해 떠올리고 싶지 않은 사람도 있다. 그런 사람들은 어머니의 날이 얼마나 싫을까. 무엇보다 어머니라는 사실 자체를 칭찬하거나 치켜세우고, 단지 어머니라는 이유로 무언가를 기대하는 발언은 정말이지 수상하다는 생각밖에 들지 않는다.

그런데도 핀란드에서는 어머니의 날에 국기를 게양하고(핀란드에서는 경축일을 공휴일이 아닌 깃발의 날(liputuspäivät)이라 부르며, 곳곳에 국기를 게양한다), 대통령이 모친에게 메달을 증정한다. 국가가 바람직한 어머니상을 설정하고, 그것을 실현하는 여성에게 상을 주다니, 정말이지 불쾌하기 짝이 없다.

나는 좋은 엄마가 아니다. 그러니 우리 아이들도 조금만 더 자라면 틀림없이 날 미워하거나 원망할 것 같다. 일찍자고 일찍 일어나고, 염분을 줄이고 채소를 많이 먹는 식습관을 지키려 하고, 아이들을 통해 교육이나 보육에 참여하고, 또 관찰할 수 있다는 점을 생각하면 오히려 아이들에게 도움을 받는 것은 나다. 그리고 내가 아이들을 사랑하는 것보다 아이들이 나를 더 많이 사랑해 준다. 그 사랑이 주 양육자에 대한 의존과 구별되지 않는다고 해도 말이다. 오히려 그런 의존이 너무 강해서 다들 어떻게 버텨내는 건지 궁금할 정도다.

그래서 나는 내가 어머니라는 사실에 감사받고 싶지 않다. 학교나 어린이집이나 세상이 강요하는 감사라면 더욱 그렇다. 오히려 내가 하는 개별적인 행동에 대해 "이게 좋아.", "좀 더 하고 싶어.", "이건 그만하고 싶어.", "가능하면 여기서는 이렇게 하고 싶어." 등등 구체적인 요청과 피드백을 주는 게 더 도움이 된다.

부모가 불안정하면 분명 아이들도 불안을 느낀다. 그래서 나는 언제든지 강하고 차분하려고 애쓴다. 그리고 유키와 구마가 언제나 의지할 수 있는 엄마가 되고 싶다. 하지만 나는 전혀 그런 엄마가 아니다.

내가 안정을 유지하려면, 나 자신의 인격을 수양하고 남편과도 좋은 관계를 유지하고, 시간적·경제적 여유도 필요하고, 내가 힘들 때나, 삶의 고민으로 잠을 이루지 못할 때 나는 도와줄 수 있는 사람이나 시스템이 필요하다.

리타가 얼마 전에 내게 가르쳐 주었다. 내가 통제해야 하는 것은 아이들이 아닌 나 자신이라는 것을. 그리고 아이들을 돌본다는 것은, 내가 아이들의 세상에 개입하는 것이 아니라 아이들이 자신만의 세상을 즐기는 것을 그저 지켜봐 주는 일이라는 걸.

내가 성숙한 어른으로 성장할수록 아이들에게는 안전한 어른이 된다. 그리고 그런 안전한 어른들이 아이들 주변에 늘어날수록 아이들은 기댈 수 있는 구체적인 상대를 찾을 수 있다. 그래서 소사이어티(이 경우에는 인간 집단과 사회 복지 제도)가 중요하다.

유키가 어렸을 때, 어린이집에 유키를 맡길 수 있었던 건 참 다행이었다고 생각한다. 내가 잠을 이루지 못했을 때, 건강검진과 전화상담, 육아 상담을 무료로 받을 수 있었던 것도 다행이었다(참고로 건강검진 결과를 본 가정의는 "수치가 너무 좋은데요."라며 웃더니 "이렇게나 완벽하게 건강하신 분이 저에게 무엇을 바라시는 건가요?"라고 말했다. 어쩌면 북유럽식 농담이었을지도 모르겠다). 그래서 나는 유키와 구마에게 '세상에는 의지할 수 있는 사람들이 있다.', '먼저 다가오는 사람은 의심해야 하지만, 너희가 먼저 도움을 청하면 누군가는 도와줄 것이다.', '무슨 일이 생겼을 때는 사회 시스템에 의지해 봐라.'라고 가르칠 것이다.

다른 누군가에게 도움을 받지 못하면 나는, 혹은 적지 않은 사람들이 순식간에 나쁜 부모로 변할 수 있다. 아이들과 주 양육자 외에 얼마만큼 많은 사람이 관여하느냐에 따라 육아의 질은 분명히 달라진다.

2018년, 처음 핀란드에 왔을 때, 나는 이위베스퀼레의 다문화 센터에서 열린 핀란드어 강좌에 참여했다. 자원봉사자 선생님들이 거의 일대일 혹은 두세 명의 그룹을 만들어 핀란드어를 가르쳐 주었다. 그때 내게 핀란드어를 가르쳐 준 라이야 씨(70대 정도의 여성으로, 퇴직하기 전에는 언어치료사였던 모양이다)가 내게 "핀란드는 소사이어티의 나라예요."라고 말한 적이 있다. 처음에는 '사회민주당이 정권을 잡은 기간이 길다.'라는 뜻인가 싶었는데, 알고 보니 아이부터 어른까지 클럽 활동을 활발히 한다는 의미였다.

내가 "핀란드에서 만난 사람들은 다들 자신만의 스타일과 페이스를 매우 중시하던데요. 소사이어티가 그렇게 활발하다니 신기하네요."라고 하자 라이야 씨는 "자신이 좋아하는 일을 친구와 함께 하는 것이 가장 좋지요. 하지만 누구와 함께하는지 보다 중요한 건 무엇을 하느냐에요, 누구와 함께하는지는 두 번째예요. 자신이 하고 싶은 일을 하는 것, 그러한 기분을 똑같이 느끼는 사람과 함께하기에 즐거운 거예요.", "가족이든 친구든 연인이든 하고 싶은 일이 다를 때도 있잖아요?"라고 했다.

이러한 생각도, '친구를 만드는 일보다 아이들이 함께 노는 순간을 늘리는 데에 초점을 맞추고 있다는' 유키의 담임이었던 마리아 선생님이 했던 말과 닮아있었다.

인간관계가 먼저가 아니라, 노는 게 먼저다. 그 후에 놀이를 공유하는 관계를 만든다. 개인이 '하고 싶은 일'이 기본 단위가 되면, 인간관계는 자연적으로 형성되지 않는다. 의도적으로 만들어야 한다. 그렇기에 다들 외로우니 클럽을 만들어 자신이 하고 싶은 일을 함께 하는 것이다. 그리고 하고 싶던 일을 마치면 각자의 집으로 돌아간다. 어떤 의미에서는 쓸쓸하거나 외롭다는 느낌도 있지만 하지만 마음은 편하다.

핀란드에서 말하는 '아이들의 클럽 활동'은 학교의 동아리 활동이 아니다. 애초에 학교에서 운영하는 동아리 활동이 존재하지 않는다. 헬싱키시에도 초등학교 1, 2학년생을 대상으로 하는 방과후 학교가 있기는 하지만, 교토시와 비교할 때 요금이 두 배나 비싸다.

그래서 어른, 아이 할 것 없이 모두 취미 학원에 다니거나 클럽에 들어간다. 아이들이 아직 어릴 때에는 평일 저녁이나 주말에 집을 비울 수 없어서, 나는 아직 클럽 활동을 하지 못한다. 하지만 아이들이 좀 더 크면 꼭 참여하고 싶다.

유키가 초등학교 1학년이었을 때 잠시 유키와 구마는 스케이트 교실과 축구 클럽에 다녔다. 두 곳 모두 삼 개월마다 개강하므로, 여름이 되면 수영 교실에 보냈다가 겨울이 되면 다시 스케이트 교실에 보낼 수 있다.

수강료는 일본보다 조금 저렴하며, 이곳의 다른 물가와 비교해도 싼 편이었다. 당시는 팬데믹 기간이라 축구 클럽이나 스케이트 교실 모두 보호자가 아이들의 모습을 볼 수 없었지만, 나중에 선생님들이 영상을 보내 주셨다. 유키와 구마가 얼음이나 공과 친해지려고 노력하는 모습을 느낄 수 있었다.

나는 중학교 시절, 강제로 동아리 활동에 참여해야 했다. 지금 생각해 보면 선생님들도 부담이 컸을 것 같다. 그렇게 생각하니 내가 어릴 때 경험한 동아리 활동과 헬싱키에서 실시하는 '클럽 활동'은 상당한 차이가 있다. 참고로 나는 강제로 동아리 활동을 해야 한다는 게 너무 싫었다. 아니, 고등학교에 들어가기 전까지 동아리 활동뿐만 아니라 학교라는 공간 자체를 싫어했다.

하지만 내 경험이 그렇다고 해서 '핀란드에는 다 좋은 것만 있네!'라고 생각하지 않는다. 공교육의 장에서 경쟁이 없다고 해서, 아이들이 지내는 모든 곳에서 경쟁이 없는 것은 아니다. 강제성이 없는 만큼, 자연스러운 불평등이 발생하기도 한다. 즉, 부모의 상황에 따라, 아이의 운동이나 공부, 기타 다양한 기술에 영향을 끼칠 가능성이 있다.

헬싱키 시내에는 운동이나 음악, 예술이나 프로그래밍, 과학실험 등 아이들을 대상으로 하는 다양한 클럽이 있다. 이런 클럽 활동들은 일본의 학원보다 비용이 싼 편이다. 하지만 그곳에 아이를 보내려면 반드시 보호자나 시터가 동반해야 한다. 그리고 헬싱키는 넓다. 핀란드의 다른 어느 도시보다도 대중교통이 잘 마련되어 있지만, 차가 없으면 이동이 어려울 때가 많다. 아이 둘을 각각 다른 클럽에 보내면 두 배의 노력이 필요하다. 아이가 셋인 집은 더할 것이다.

부모 입장에서는 아이가 스스로 갈 수 있는 거리에 아이가 관심 있어 하는(또는 부모가 보내고 싶은) 클럽이 있다면 좋지만, 거리가 먼 클럽에 보내기 위해서는 대중교통으로는 어려울 때가 있다. 핀란드 전역이 헬싱키처럼 대중교통이 잘 갖추어져 있지는 않으므로 지방으로 갈수록 이동 수단은 차로 한정된다.

그렇기에 집에 차가 있고, 근무 시간을 조정하기 수월한 직장에 다니며, 부모가 아이의 과외 활동에 시간과 노력을 쏟을 마음이 있어야 아이가 학교 밖에서 운동이나 음악, 예술 등을 접할 기회가 생긴다.

이말은 즉 가정 형편에 따라 아이들의 경험에 큰 차이가 생긴다는 걸 의미한다. 예를 들어 같은 헬싱키 시내에 거주하는 A 가족과 B 가족이 있다고 하자. A 가족은 아이가 한 명이고 집에 차가 있으며 부모가 모두 근무 시간을 조정하기 쉽다. 반면 B 가족은 아이가 셋이고, 부모는 풀타임으로 근무하며, 집에는 차가 없다. 이런 경우, A 가족과 B 가족의 아이들이 비슷한 수준으로 클럽 활동에 참여하기는 어렵다.

적어도 A 가족과 비교하면 B 가족의 보호자들은 아이들을 먼 거리에 있는 클럽까지 데려가기는 어려울 것이다.

게다가 이런 환경에서 자라지 않은 부모 밑에서 크는 아이들은, 핀란드에서 나고 자란 아이들보다 클럽 활동에 참여하기 어렵다. 그런 점에서 학교에서 저렴하게 스포츠나 문화 활동 기회를 마련해 준다면 누구든지 쉽게 다닐 수 있을 것이다. 교사의 부담 증가나 인간관계의 폐쇄성 같은 문제를 개선할 대책은 사실 많다. 나는 학교를 정말 싫어했지만 그런 내가 보기에도 학교에 동아리 활동이 있는 것이 좋다는 생각이다.

물론 클럽 활동이나 학원 비용이 비교적 싸다는 점에서 허들이 낮은 것은 사실이지만, 아이가 어릴 때는 보호자의 노력과 시간도 무시할 수 없다. 과외 활동 참가를 개개인에게 맡기면, 참여 가능성은 그 개인이나 가족의 의사만으로 결정되는 것이 아니다. 개인이나 가족의 취업 상태나 부모 자신의 경험, 아이에 대한 기대, 아이에게 얼마만큼의 시간과 노력, 돈을 들일 것인가 같은 판단 등 많은 것이 영향을 끼친다.

그 결과는 어쩌면 '경쟁이 없다'라는 말로 포장된 것과는 정반대로, 의외로 냉정하고 잔혹할 수 있다.

6

좋은 학교와
나쁜학교

돈도 없고 공부도 안하면
개스톤에게 붙잡히는구나!

- 유키

2021년 8월 중순부터 유키는 헬싱키에서 초등학교에 다니기 시작했다.

입학 전 12월 중순에는 헬싱키시에서 보낸 초등학교 교육(교육 취지, 학교 선택 방법, 모국어 유지 교실, 방과후 학교)에 관한 팸플릿이 도착했다. 팸플릿이 오기는 했지만, 언제나 그랬듯이 모두 핀란드어나 스웨덴어로 적혀 있었다. 나는 비슷한 내용이 적혀 있으리라 생각되는 헬싱키시 웹사이트에 들어가 구글 번역기로 내용을 대충 파악했다.

핀란드에서는 초등학교와 중학교가 합쳐져 있고, 이를 기초학교Peruskoulu라 부른다. 사립 기초학교는 학비가 너무 비싸서 우리의 선택지에 포함되지 않았다. 세금을 많이 내고 있으니 당연히 공립학교를 보내고 싶었다. 세금을 얼마나 많이 내냐 하면 세금으로 작년도 내 실수령액이 1,000만 원 정도 줄었고, 주민세는 일본의 두 배 정도였었다.

애초에 헬싱키시에는 사립 기초학교가 거의 없다. 예외적으로 슈타이너 교육을 하는 학교와 국제학교, 러시아 학교, 프랑스 학교, 독일 학교 같은 다른 EU 회원국 혹은 인접 국가의 어학 및 교육 프로그램을 시행하는 학교 정도가 있다.

예전에 동료 에이다 씨에게 "핀란드에도 사람들이 말하는, 좋은 학교라는 게 있나요?"라고 물었더니 '집에서 가장 가까운 학교'라는 답변이 돌아왔다.

그래서 보통은 자기 집의 통학 구역 내에 있는 시립 초등학교에 입학 절차를 밟는다. '보통은'이라고 말한 이유는 공립학교 중에서도 영어나 음악, 체육 수업을 많이 진행하는 학교도 있다. 그래서 기초학교 1학년생과 7학년생(우리로서는 중학교 1학년생)으로 진학할 때는 그런 학교에 원서를 내는 것도 가능하기 때문이다.

은행 ID 등을 가지고 있다면 온라인으로 원서 접수를 할 수 있다. 만약 ID가 없다면 지정된 날짜(평일 오전 중이나 저

녘)에 학교에 가서 직접 접수할 수 있다.

접수 방법은 매우 간단했다. 보호자가 먼저 로그인을 해서 자녀의 이름, 나이, 주소, 사회보장번호를 확인한다. 그러면 자신의 집이 있는 구역의 학교에 자동으로 배정되므로 그 학교에 진학하면 된다. 만약 다른 학교에 진학시키고 싶다면 원하는 학교의 이름을 입력한다. 그러면 다음 화면으로 넘어가는데, 거기서 아이의 제1외국어를 영어·프랑스어·독일어 중에 선택한다(참고로 핀란드에서는 핀란드어와 스웨덴어가 공용어이므로 그 두 가지 언어는 처음부터 필수다). 그다음 화면에서 입력한 정보를 확인하면 접수가 끝난다. 3월 이후 아이의 알레르기 정보나 종교·윤리 교육에 대한 설문지, 모국어 유지 교실 참여 여부 등을 신고하는 링크 주소가 발송되는 모양이었다.

헬싱키시에는 모국어 유지 교실이라는 게 있다. 핀란드어와 스웨덴어 이외의 언어를 모국어로 하는 아동과 학생은 자신의 모국어를 유지하기 위한 교육을 주 1회, 두 시간정도 받을 수 있다. 사실 헬싱키에는 일본어 보습 학교라는 학교도 있다. 유키와 구마를 그곳에 다니게 할 수도 있지만,

모국어 유지 교실에 먼저 보내 본 후에 결정하기로 했다.

모국어 유지 교실은 무료이며, 아이를 그곳에 보내고 싶은 보호자는 3월 이후에 신청서를 낸다. 만약 아이가 다니는 학교가 아닌 곳에 강좌가 개설되어 아이 혼자 버스나 택시 등을 타고 다녀야 한다면 정기권이나 택시 바우처가 지급되었다.

이런 모국어 유지 교실은 지자체의 예산으로 운영된다. 핀란드 중부에 있는 이위베스퀼레시에서도 시 예산으로 시내에 거주하는 아동과 학생 500명에게 25개 언어 교육을 시행해 왔는데, 보도에 따르면 시에서 작년, 예산 삭감을 위해 이 제도의 폐지를 제안했다고 한다. 보호자들의 강한 반발로 결국 지속하게 되었지만, 인구 감소와 세수 감소, 긴급 재정을 이유로 이런 주장이 강해진다면 이민자 아동의 모국어 유지는 '배부른 소리'같은 부정적 이미지로 비칠지도 모른다.•

유키가 일곱 살이 되던 무렵부터 나는 만네르헤임 아

• YLE, 2020년 9월 21일, "Dual-heritage kids' language lessons under threat as Jyväskylä seeks savings"

동복지연맹의 소개로 인근에 사는 엘리나라는 여성을 알게 되었다. 일주일에 한 번 만나 겨울에는 영하 15도의 날씨에도 거리를 거닐며 잡담을 나누는 신기한 관계였다. 나는 일이나 취미에 관한 그녀의 이야기를 듣는 것이 재미있었다.

엘리나 씨는 초등학교 교사로, 대학에서는 수학교육을 전공했다. 엘리나 씨가 말하길 자신이 근무해 온 기초학교의 건물이 너무 낡아서 재작년에 리모델링을 했다고 했다. 공사를 마친 뒤, 그 기초학교는 통폐합되어 학생 수가 증가했다. 하지만 정규직 교사의 수는 늘지 않고, 임시로 고용한 교직원의 수만 늘어났다고 한다. 게다가 몇몇 교실은 '개방형 사무실처럼' 생겨서 마치 넓은 체육관을 나눠 쓰듯이, 교실을 칸막이로 막아 수업을 하는 모양이었다. 엘리나는 이렇게 말했다.

"1학년생은 일곱 살이잖아요. 주변에서 누가 이야기를 하면 집중하지 못하는 게 당연해요."
"목적에 맞게 여러 개의 교실을 만든 것이 아니라, 하나의 넓은 교실을 만들고 알아서 나눠 쓰게 하는 편이 싸게 먹히니까 그렇게 만든 거 아닐까요?"

"나는 예전 교육 방침이 더 좋아요."

"어쨌든 교사 수는 늘렸으면 좋겠어요. 새로운 일을 하는 게 무조건 좋은 건 아니지만, 무언가에 도전해 보는 건 괜찮아요. 하지만 사람은 줄여 놓고 새로운 일을 하라니 무리죠.

흔히 핀란드의 교육에는 경쟁이 없다고들 한다. 하지만 해마다 타블로이드지에는 전국 통일 시험의 결과를 토대로 한 올해의 고교 순위가 실린다. 에스포시의 웹사이트에서는 에스포 시립 고등학교 네 곳이 이 순위에서 상위권에 진입했다고 나와 있다.* 경쟁이 있든 없든 순위는 존재하는 모양이다.

지금 우리가 사는 아파트에서 가장 가까운 기초학교는 헬싱키에서는 보기 드물게 '좋은 학교'인 모양이다. 그렇게 생각한 이유는 부동산 광고에서 '그 ○○학교가 속한 학군

---

* Espoon Kaupunki, 2019sus 8월 9일, "Four upper secondary schools in Espoo in the top fifteen in the national comparison of upper secondary schools"

입니다.'라는 문구를 본 적이 있기 때문이다. 우리 주변 집값이 쓸데없이 비싼 것도 그 때문일까.

우리 아파트 위층에 사는 이 씨에게는 자녀가 세 명 있다. 첫째 아이는 국제학교에 다니고, 다른 두 아이는 집에서 가까운 기초학교에 다니고 있다. 예전에 이 씨와 식사를 하다가 "이 아파트에 들어오다니 운이 좋았어요. 프리미엄 같은 거예요."라고 말한 적이 있었다.

내가 "저는 초등학교부터 고등학교까지 내내 집 근처의 공립학교를 다녀서 그런지 좋은 학교라든가 그렇지 않은 학교라든가 하는 말을 들어도 잘 모르겠어요."라고 했더니 이 씨는 "중학생이나 고등학생 때 어떤 친구를 사귀느냐가 정말 중요해서 그래요."라고 말했다.

나는 솔직히 유키와 구마가 어떤 지역의 학교에 다녀도 상관없다. 나는 초등학교부터 고등학교까지 시립 학교에 다녔다. 내가 다닌 중학교는 주변에서 '질이 나쁘다', '험악하다'는 소문을 듣는 곳이었다. 우리 본가가 있던 지역은 시내에서도 땅값이 쌌다. 남편과 결혼하고 신혼집을 찾으러 다닐 때는, 어느 부동산에서 우리 본가가 있는 지역을 두고 "거기는 땅값은 싸지만, 질이 안 좋아요."라고 했다. 천만의 말씀입니다.

　초등학교 5~6학년 때, 나는 가끔 당시 친했던 루미코네 집에 놀러 가고는 했다. 어느 날, 루미코네 어머님이 "사라도 그런 중학교 말고 사립학교를 갔으면 좋았을 텐데."라고 말씀하셨다. '안 좋은 친구를 사귀어 이상한 길로 빠지면 안 된다.'라는 이유였다.

　나는 그 말이 너무 싫었다. 저 사람은 자신이 그런 식으로('그 학교에 다니는 아이는 질이 안 좋은 아이'라는 고정관념으로) 남을 본다는 사실을 딸의 친구에게 아무렇지도 않게 말하는 구나 싶어 놀랐다. 게다가 무엇보다 '좋은 학교'와 '나쁜 학교'가 있다는 사실 자체가 싫었다.

　"당신이 말하는 나쁜 아이는 아마도 내 동급생이겠지요. 그렇다면 당신은 그런 눈으로 우리를 보고 있는 건가요? 아니면 내게 당신과 같은 눈으로 동급생을 바라보라고 하는 건가요?"지금이라면 이런 식으로 말할 수 있겠지만 그때는 왠지 모를 불쾌함을 느끼는 걸로 지나갔다.

　하지만 그 당시 나는 사립중학교 입학 시험을 보고 싶은 마음도 있었다. '입시 공부'라는 비일상적인 무언가에 몰

두하면 즐거울 것 같았다. 우물 안 개구리의 자만심에 불과했지만, 나는 스스로 공부를 잘한다고 착각하고 있었기에, 중학교 입시라는 엘리트 코스가 멋져 보였다. 하지만 그 행위가 '나쁜 친구'로 한데 묶인 그 아이들과 다른 세계로 가는 일이라는 걸 알았다면 그게 과연 멋진 일이었을까.

그리고 사립중학교라는 선택지가 있었다는 건, 당시 나는 이미 축복받은 환경에 있는 것이었다. 그 사실을 깨닫지 못했던 내가 지금은 부끄럽다.

중학교 2학년을 마칠 즈음이었나, 3학년에 막 올라갔을 무렵이었나, 그 당시 담임 선생님과 진로에 대해 상담한 적이 있었다. 나는 그 담임 선생님을 무시했었다. 그 선생님은 영어 교사인데도 영어 발음이 국어책을 읽는 것 같았다. 그는 자기가 담임을 맡은 반이 교내 합창대회에서 금상을 받게 하고 싶어 안달이 나 있었다. 그는 수업 중에 아무렇지 않게 저질스러운 농담을 던졌다(예를 들면, "알겠냐, understand 라는 단어는 under가 아래, stand가 서다, 즉 '아래가 섰다'야. 단어의 뜻과 는 아무 관계도 없지만."). 그런 중년 남성을 존경할 수 있는 중학생이 있을까.

집 근처 숲에서
헬싱키 시내를 바라본 모습

풍경과, 생활의 연습

내가 그에게 "새로운 것을 배우는 건 그 자체로 즐거운 일 아닌가요?"라고 말했더니 그 선생님은 한심하다는 표정으로 나에게 "그건 너희 집이 부자라 그런 거야."라고 했다. 그때 나는 나 자신이 너무나도 부끄러웠다.

중학교때 동급생 중에는 여권이 없는 아이도 있었고, 외식은 일 년에 두 번만 한다고 말하는 아이도 있었다. 집에 공부할 책상이 없는 아이도 많았다. HR 시간에는 담임 선생님이 스틱 빵과 우유를 사 와서 몇몇 동급생에게 건네기도 했다.

우리 아버지는 내가 원하는 책은 거의 사 주셨다. 아버지는 토요일이 되면 아침에 클래식 음악을 틀어 놓으셨다. 어머니는 나를 피아노 교실에 보내 주었고, 나를 데리고 미술관이나 콘서트, 연극, 전통극을 보러 다니셨다. 집에는 가토 슈이치加藤周一, 홋타 요시에堀田善衛, 고바야시 히데오小林秀雄, 하니야 유타카埴谷雄高의 책과 어머니가 좋아한 재즈 레코드판이 가득했다. 아버지가 사 온 화집도 많았다.

물론 화집이나 콘서트, 공연은 모두 학원비보다는 쌌을 것이다. 하지만 나는 그런 것들을 너무 당연하게 보며 자랐다. 부모님은 두 분 모두 대학교를 졸업하셨다. 세상에는 대학교라는 곳이 있으며, 그곳에 다니는 학생들이 어떤 사람들인지 알고 계셨다. 그 통통한 선생님에게 지적받기 전까지 나는 내가 살고 있는 환경을 축복이라고 생각해 본 적이 없었다.

'새로운 것을 배우는 건 그 자체로 즐거운 일 아닌가요?'라고 말했을 때, 내 머릿속에 떠오른 것은 글자 교실에서 일본어를 배우는 재일교포 1세 여성들의 모습이었다.

1970년대 후반, 오사카에서는 교육을 받을 기회를 빼앗겨 글을 모르는 재일교포 1세 여성을 대상으로 하는 글자 교실이 열렸다. 우리 부모님은 그곳에서 만나셨다.

비슷한 교실이 교토에도 생기자 우리 어머니는 나와 여동생이 어렸을 때, 매주 한 번씩 그곳에 데려가셨다. 어머니께서 재일교포 1세 할머니들에게 일본어를 가르쳐 주시는 동안, 나와 여동생은 우리처럼 부모님과 함께 온 다른 아이들과 옆방에서 그림책을 읽거나 놀았다. 나는 어린이집에 다니는 동안에 자연스럽게 히라가나와 가타카나를 읽고 쓸 수 있게 되었다.

나는 그곳에 오시는 할머니들을 보고 생각했다. 그 연세에 시간적으로도 체력적으로도 여유가 없는데 어떻게 평일 저녁에 그곳에 모이는 걸까. 왜 할머니들은 내가 글씨를 삐뚤빼뚤하게 써도 이렇게 칭찬해 주실까. 글자를 읽고 쓴다는 게 그렇게나 즐거운 일인가. 공부란 게 그렇게나 대단한 일인가.

언젠가 유키가 "엄마는 왜 공부가 좋아?"라고 물었을 때, 나는 이런 식으로 대답했다.

우선 엄마는 새로운 것을 아는 게 즐거워. 만화책을 읽거나 문제를 푸는 것도 마찬가지야. 하지만 그뿐만이 아니야. 엄마의 고모도, 엄마의 할머니도 다들 공부를 하고 싶어 하셨어. 옛날에는 일본에서나 한국에서나 여자가 글을 읽어 뭐하냐고 하면서 여자들에게 공부를 시키지 않았거든. 그럴 시간이 있으면 나가서 일이나 하라고 일을 시켰지. 너희 할아버지는 누나들이 모은 돈으로 대학에 갔어.

엄마의 여자 친척들도 옛날에는 다들 글을 배우고 공부해서 자신들의 힘으로 살아가고 싶어 했어. 하지만 스스로 돈을 벌지 못하니까 좋아하지도 않는 사람과 억지로 결혼해서 살아야 했거든. 안그러면 살 방법이 없으니까. 엄마의 할머니는 "내가 글을 읽을 줄 알았다면 부자가 되었을 거다."라고 말씀하셨대.

유감스럽게도 너희 증조할아버지는 일본에 온 뒤로 안좋게 변하셨어. 돈도 벌지 않고, 오히려 집에 있던 돈을 가져가 술을 퍼마시고, 가족들을 때렸어. 최악이었지. 하지만 할머니는 그런 남자와 헤어지지 못했어. 돈이 없었으니까.

지금도 자신보다 공부를 잘하거나 돈을 잘 벌거나 더 힘센 여자를 싫어하는 남자가 많아. 다들 개스톤(디즈니 애니메이션 〈미녀와 야수〉에 나오며, 디즈니 악역 순위에서 상위에 드는 인물)의 부하 같은 놈들이지. 그런 놈을 만나면 자유고 뭐고 다 빼앗겨.

하지만 돈과 공부는 인간을 자유롭게 한단다. 돈은 물건이 아니야. 사람들끼리 주고받는 거지. 그리고 공부는 사람들이 만들어 낸 넓은 세상을 가르쳐 줘. 지금 내가 있는 곳이 힘들어도 이런 거지 같은 세상이 아닌 다른 세상도 있다고 알려 주지.

여자들은 오랫동안 다들 자유로워지고 싶다고 생각해 왔어. 이런 개스톤 같은 남자와 함께 살아야만 하는 상황이

싫고, 더 멋진 세상을 알고 싶고, 더 마음대로 살고 싶다고 다들 생각했어. 공부는 그렇게 살기 위한 수단이기도 해.

그리고 평생 공부하지 말라는 소리를 들어온 사람들이 공부를 한다는 건, 그 자체가 좋아한다는 뜻이지.

공부하는 것 자체가 자유로워지는 일이기도 해. 너는 엄마의 고모들도 만나지 못했고, 예전에 교토의 학교에서 공부하던 재일교포 할머니들도 거의 다 돌아가셨지만, 그 역사는 알아야해. 공부는 인간을 자유롭게 한단다. 그래서 공부가 재미있는 거야.

이렇게 나로서는 아이를 키우면서 이제껏 가장 멋지고 진지한 말을 들려주려고 했다. 하지만 유키는 "그렇구나. 돈도 없고 공부도 안하면 개스톤에게 붙잡히는구나!"라고 정리해 버렸다. 애야~ 좀 더 감동해 주지 않을래.

나는 지금도 무언가를 배우고, 조사하고, 알고, 전하는 일의 의미를 의심하지 않는다. 그러한 점과 중학교 시절 동급생 중에 배움의 재미나 의의를 적극적으로 발견하지 못했던 아이들, 그리고 글자 교실에 열심히 드나들던 재일교포 1세 여성들 모두 의미가 있다.

다른 사람들이 사물을 바라보는 관점이나 가치관 그리고 다른 사람들이(그 대부분이 남성이나 서양인이라는 점은 매우 열받지만) 지금까지 만들고, 조사하고, 이야기해 온 정보를 알아가다 보면 자신의 선천적 조건이나 나 자신으로부터 자유로워진다. 책을 읽는 것은 현재의 한심한 나를 깨부수는 수단 중 하나다.

하지만 무언가를 배우는 일이 즐겁지 않은 사람도 많다. 나는 어쩌다 남을 가르치는 일을 하고 있기에 그 의의를 느낄 기회가 많은 것뿐이다.

세상에는 다양한 방법이 있다. 글자 교실에 왔던 할머니들은 내가 모르는 말로 자신들 사이에서만 통하는 노래를 즉흥적으로 만들어 부르고는 했다. 그 노래는 일본어를 읽고 쓰는 것과 마찬가지로, 어쩌면 그 이상으로 그분들을 살아오게 해 준 원동력이었을 것이다. 그런데도 할머니들이 일본어를 배워야 한다고 느낀 것은 일본 사회가 그분들이 살아가는 방법을 빼앗았기 때문이다.

우리 고모는 일본어 글자를 쓰지 못하는 것이 한스러워 자살까지 생각했었다고 내게 말했다. '목욕탕에 다녀오겠다.'라고 거짓말을 하고 글자 교실에 나온 분들도 있었다. 그녀들에게 일본어를 배운다는 건 어떤 의미였을까. 왜 당신들은 글자를 배우지 못했을까. 그런 그분들이 배우려는 글자는 왜 일본어였을까.

물론 그녀들은 생활 속에서 일본어를 읽고 쓸 필요가 있어서 일본어를 배웠을 테고, 그것은 분명 자유와 해방을 위한 활동이었다. 하지만 어디에선가 "아니, 왜 자기 집 주소도 못 써?"라며 그녀들에게 면박을 주었을 사람도 어쩌면 공부에 재능이 있고 독서를 매우 좋아하는 사람이었을 수도 있다.

무언가를 배우면, 무엇으로부터 자유로워지며 무엇에 복종하게 될까. 형편이 어려운 동급생들을 뻔히 보면서도 '새로운 것을 배우는 건 그 자체로 즐거운 일 아닌가요?'라고 말했던 나는, 나 자신이 축복받은 환경에 태어났다는 사실조차 알지 못했고, 글자 교실의 할머니들이 어떤 핸디캡을 가지고, 어떤 역사적 사회적 이유로 글자 교실에 왔는지 알지 못했다.

아버지는 최근에서야 내게, 당신은 사실 음악을 잘 몰

랐지만 교육을 위해 토요일 아침마다 클래식 음악을 틀어 놓았던 거라고 말씀하셨다. 그럴 줄 알았다. 왜냐하면 아버지는 매주 일요일 오후가 되면 경마 중계를 보셨으니까.

그런데도 아버지는 그런 정통 문화를 배우려 노력하고, 당신의 자식이 그 문화에 친숙해지기를 바라셨다. 지금 내 모습은 아버지의 이상과는 상당히 거리가 멀지만, 아버지께서 하신 일은 마치 피에르 부르디외 Pierre Bourdieu(프랑스의 사회학자)의 저서 《구별 짓기》, 아니 《상속자들》에 나올 법하다.

나는 이제껏 부모님이 신겨 주신 높은 나막신을 신은 채로 그것을 나 자신의 재능이라 착각하고 있었다. 그 높은 나막신, 특히 아버지가 신겨 주신 신은 우리 고모들이 어린 시절부터 해 온 노동으로 만들어진 것이었다.

· · ·

중학생 시절, 나에게는 '나쁜 친구'를 사귈 기회도 있었을 것이다. 하지만 나는 그런 기회를 놓쳤고, 놓쳤다는 사실조차 알아차리지 못했다. 그것은 아마도 내 민족적 태생 탓도, 학업 성적 탓도 아닌, 무례하고 상대방의 마음을 헤아리지 못한 내 성품 탓이었을 것이다.

이제 와 생각해 보면 나는 초등학교 때부터 줄곧, 어쩌면 대학교에 들어간 뒤에도 계속 무리에서 겉돌았다. 하지만 당시에는 무리의 중심에서 모두와 친하게 지내고 있다고 착각했다.

중학생 때 한번은 친구네 집에 놀러 갔는데, 그 자리에 있던 몇몇 아이들이 담배를 피우기 시작했다. 내가 깜짝 놀라자 그 아이들은 "야, 사라가 놀랬잖아. 얼른 꺼."라며 나를 배려해 주었다.

그 아이들도 내가 선생님에게 고자질할 거라 생각하지는 않았을 것이다. 단지 내가 놀라는 모습에 담배를 끈 것이었다. 동아리 선배로부터는 "넌 이런 곳에 있을 애가 아니야."라는 말을 듣기도 했다. 확실히 그들의 상냥한 배려 속에서 나는 오만했고, 나 자신도, 다른 사람도 제대로 이해하지 못했다. 그런 식으로 받았던 배려는 과연 좋은 것이었을까?

고등학교에 들어가서는 초등학교·중학교 때와는 전혀 다른 인간관계가 형성되었다. 고등학교 수학여행으로 미국에 갈 때, "이코노미클래스는 처음 타 봐."라는 소리를 일부러 다 들리게 말한 아이가 있었다. 고등학교 동급생 중에는 자기 방이 있는 아이도 많았다. 좋아하는 옷 브랜드를 줄줄이 대는 아이도 있었다. 하지만 그런 고등학교 동급생들도 나의 중학교 동급생들처럼 각자의 고민이나 괴로움이 있었을 것이다.

나는 결국 그곳을 거쳐 지금 잘 살고 있다. 그러니까 '아이는 어떤 학교를 보내도 괜찮다.'라고 생각하는 것이겠지. 그리고 내가 그곳을 거칠 수 있었던 이유 중 하나는 내가 오만하고 냉정했으며, 나태한 데다 타인의 감정을 헤아리지 못했고, 사람들 사이에 잘 섞이지 못했기 때문이다.

지금 우리가 사는 사택에는 2년 이상 거주할 수가 없다. 그래서 우리는 새로 살 집을 찾고 있다. 하지만 유키는 취학 전 교육에서 사귄 친구와 같은 초등학교에 가고 싶다며 이사를 거부한다. 유키는 여섯 살이 되자마자 갑자기 말도 통하지 않는 곳으로 날아와서 낯선 세계에 떨어졌다. 많이 불안했을 것이다. 그런데 일 년 동안 함께 지낸 친구와 또다시 헤어져 새로운 인간관계를 만들어야 한다니 정말 부담스러울 터였다.

하지만 '좋은 학교'가 있는 지역이라 그런지 아닌지는 몰라도 어쨌거나 이 지역은 집값이 너무 높아서 내 월급으로는 집을 구할 엄두가 나지 않았다. 옆 동네로 가면 집값이 1억 원 정도 싸진다. 하지만 어린이집에서 사귄 다른 엄마와 이웃 주민의 말에 따르면 그곳은 이민자가 많아 '좋은 지역이 아니라고' 한다. '나도 이민자인데⋯⋯.'라고 말하려 하자 굳이 "일본인이나 한국인 이민자가 아니라고요."라는 덧붙이는 사람도 있었다.

이런 식으로 '좋은 학교'에는 예전부터 그 지역에 살고 있는 가정의 아이나 그 학교에 아이를 보내고 싶어 이사까지 하는 가정의 아이가 다닌다. 맹모삼천지교라고 하지만, 자식을 위해 이사를 세 번이나 한 맹자의 어머니는 금전적으로 여유가 있었거나 부동산 거래를 잘했던 모양이다. 자식을 둔 부모는 어쩌면 자식을 위한다는 이유로 지역 불평등을 만들어내고 있는 것이다.

7

아픔의 역사를
기억하는 법

자신의 피해조차 인식하지 못하는 녀석들이
가해가 뭔지를 알 리가 없지.

- 외할아버지

우리 외할아버지는 2019년 4월에 돌아가셨다. 외할아버지는 머리가 비상하고, 체력이 좋았으며, 말도 잘하시고, 잘 잡수시고 잘 주무셨으며, 뭐든지 주도하기를 좋아하고 오만하셨다. 젊은 시절의 외할아버지는 여성들에게도 인기가 많았던 모양이다.

하지만 손녀인 입장에서 보면 과거에 얼마나 잘생겼든 지금은 주름이 자글자글한 데다, 미남인지 아닌지를 따질 이유가 없는 외할아버지일 뿐이다. 외할아버지는 1927년 시즈오카에서 태어나 아시아태평양 전쟁에서 일본이 질 때까지 소년병으로 참전했고, 그 후에는 지방의 교육잡지를 편집하는 일을 하셨다.

나는 초등학생이 되기 전부터 고등학생 때까지 방학만 되면 언제나 시즈오카에 있는 외갓집에 놀러 갔다. 지금도 차창 밖으로 산에 있는 차나무밭이 보이기 시작하면 시즈오카에 정차하지 않는 기차를 타고 있어도 기분이 좋아진다.

　　그건 내가 외갓집에서 좋은 추억을 쌓았기 때문일 것이다. 할머니할아버지는 여름방학에 가면 함께 해수욕을 하거나, 바다 근처에 있는 시민 수영장에 나를 데리고 갔다. 외갓집 근처에 있던 공원과 도서관이나 외할머니께서 근무하던 대학 근처에 있는 미술관에 가는 것도 좋아했다.

　　만년의 외할아버지와 나의 관계는 그리 좋지 못했다.
　　외할아버지는 예전부터 좌파적인 사고방식을 가지고 계셨다. 내가 《한비자》를 읽고 있으면 "넌 중국에 관심이 있는 거냐?"라고 물으셨고, 내가 "뭐 그냥요."라며 긍정도 부정도 하지 않으면 "중국에 관심이 있으면 이걸 읽어야지."라며 《마오쩌둥 어록》을 꺼내오실 정도로 좌파였다. 하지만 그런 외할아버지가 집에서는 외할머니에게 "어이 할멈, 차!"라고 말하면 당연히 외할머니가 차를 대령할 거라고 생각하는 봉건적인 사상을 몸소 보여 주었다. 나는 외할아버지의 그런 면을 무시했다.

외할머니는 부잣집에서 곱게 자란 아가씨로, 가족의 반대를 무릅쓰고 외할아버지와 결혼하셨다. 외할머니는 1920년대에 태어나신 분 치고는 키가 크고 "하라 세츠코原 節子(일본의 여배우)가 날 닮았지."라고 진지하게 말씀하실 정도로 당신의 외모에 자신이 있었다.

외할머니는 영양사 양성과정의 강사여서 요리를 잘하셨고, 툭하면 우리에게 "자격증을 따라"라고 말씀하셨다. 외할머니가 치매에 걸리고 십 년쯤 지난 뒤에야 나는 간신히 박사학위를 취득했다. 그 후 외할머니를 뵈었더니 예전처럼 내게 "자격증은 땄니?"라고 물으셨다. 내가 "박사학위를 땄어요. 박사학위도 자격증에 들어가나요?"라고 대답하자 "참 잘했구나."라고 말씀하셨다.

외할머니는 뭐든지 허투루 하시는 법이 없었다. 내 어린이집 알림장에 딱 한 번, 외할머니가 적어 주신 내용이 있었다. '오늘은 사라와 상점가에 갔다가 강변을 산책했습니다. 이 아이는 할머니를 자기 마음대로 할 수 있다고 생각하는 모양이지만, 그렇지 않다는 점을 알게 해 주었습니다.'

대체 무슨 일이 있었던 거지.

외할머니는 외할아버지보다 수입도 많았다. 외할머니는 집안일과 육아도 하면서 시부모님까지 돌보셨다. 외할아버지는 외할머니와 결혼하신 뒤에도 다른 여자와 몇 번이나 바람을 피우셨다. 외할머니는 그 사실을 알고 계셨고, 외할아버지에게 화도 내셨다.

그렇기에 나는 외할머니를 정말 좋아했고, 외할아버지는 좋아하지 않았다. 과거에는 미남이었을 수도 있고, 집 밖에서는 번듯한 활동가일지 몰라도 집에서는 별 볼일 없는 남자였다.

그런 외할아버지가 하신 일은 평화운동이었다. 외할아버지가 참여한 시즈오카 평화 자료 센터에 어렸을 적에 외할아버지와 함께 몇 번 가본 적이 있다. 그곳에는 시즈오카시 공습을 경험한 사람들의 모습을 담은 그림과 유품이 전시되어 있었다. 그 그림들은 어린 우리가 보기에 너무 무서웠고, 30년이 지난 지금도 잊히지 않는 그림도 있다.

나는 외할머니에게서 외할아버지와 가까워진 계기나 공습 경험을 들은 적이 있다. 외할머니가 학생 신분으로 전쟁에 동원되어 군수공장에 갔을 때, 옆 학교에 다니던 남학생에게 연애편지를 받았다. 그래서 등화관제 중에 순푸성驗府城의 해자 주변을 둘이서 걸으셨다. 그때 증조할아버지는 외할머니의 데이트 상대가 누구인지 확인하려고 집에서부터 몰래 따라오셨다고 했다.

공습이 있던 날 밤에는 외할머니의 오빠가 폐렴으로 제대해서 집에서 고열을 내며 잠들어 있었는데, 할머니는 오빠를 태운 리어카를 손수 끌었다고 했다, 당시 초등학생이었던 할머니의 남동생과 함께 친척이 사는 모치무네㈜ 라는 항구 도시까지 피난을 갔다. 그때 남동생은 배낭 안에 집에서 기르던 개를 넣어 왔는데, 피난가는 길에 거센 바람에 배낭 뚜껑이 열리자 겁을 먹은 개가 밖으로 뛰쳐나와 도망쳐 버렸다고 했다. 남동생은 개를 쫓아가려 했지만, 할머니가 이를 막았고, 남동생은 펑펑 울었고, 강물은 불타올랐다. 외할머니는 그날 밤에 팔에 생긴 커다란 흉터 자국을 내게 보여 주셨다.

"어째서 전쟁을 반대할 생각을 하지 않았어요?"라고 곁에서 이야기를 듣던 어머니가 물었다. 외할머니는 너무나도 아무렇지 않게 "그것밖에 알지 못했으니까."라고 대답하셨다. 태어나서 열여섯 살에 일본이 패할 때까지, 삶은 언제나 전쟁과 함께였다. 전쟁밖에 알지 못하니, 전쟁을 반대할 생각도 할 수 있을 리가 없었다. 하루하루가 평소처럼 지나가고, 그런 와중에도 즐거운 일이 있었다. 너희 할아버지와 밤에 산책도 하고 말이지. 외할머니의 삶이었다.

외할아버지는 건강한 분이셨지만, 2018년 가을 무렵에 심장에 이상이 생겼다. 그 후 점차 몸 상태가 나빠지시더니 2019년 초가 되자 물을 넘기시는 것조차 힘겨워하셨다. 그때 처음으로 외할아버지가 식도암 말기라는 사실을 알았다. 어머니는 외할아버지의 마지막을 자택에서 돌봐드리고 싶어했다. 그해 4월 초 외할아버지는 사랑하는 자신의 집으로 오셨다. 그날은 우리 어머니와 여동생 그리고 유키가 시즈오카에 있는 외갓집으로 갔다. 나는 구마와 함께 교토의 집에 있었다.

외할아버지는 그날 퇴원해 집으로 오셔서는, 유키에게 사진집을 읽어달라고 하시고, 당신이 출판한 화집-바로 그 시즈오카 공습 경험 화집-을 유키에게 보여 주며 제대로 나오지 않는 목소리로 설명하신 모양이었다. 그리고 저녁이

되어 나는 구마와 함께 목욕하려다 문득 생각이 나서 어머니에게 영상 통화를 걸었다.

유키와 잠시 이야기한 다음, 할아버지와 통화를 했다. 외할아버지는 "오, 사라야, 구마야."라며 손을 살짝 드셨다. 나도 "뭐야, 할아버지, 건강해 보이시는데?"라는 말했던 것 같다. 이제 저녁을 드신다고 해서 바로 전화를 끊고 욕실로 들어갔다.

내가 구마와 목욕하는 사이, 어머니로부터 부재중 전화가 여러 통 와 있었다. 때가 되었다는 것을 직감하고 전화를 다시 걸었더니 통화 직후, 외할아버지께서 돌아가셨다고 했다. 저녁을 드시기 직전이었는데.

할아버지, 고기나 생선을 잔뜩 드시고 싶었던 거 아니에요. 맥주도 소주도 마시고 싶었던 거 아니에요. 아니면 곧 죽을 걸 알면서 나와 구마가 가지 않아서 전화로 얼굴이라도 보고 가려고 기운을 내신 거예요.

할아버지의 장례식에는 무슨 이유인지 영화 '대부'의 주제곡을 틀어놓았다. 장의사님은 신기할 정도로 쾌활한 분이었다. "자, 이제 다 함께 관을 들겠습니다. 하나, 둘, 셋!"

하는 식으로 장례식에 어울리지 않게 기운이 넘쳤다. 어머니가 황급히 모은 할아버지의 사진을 보니 확실히 예전에는 잘생겼었네 하는 생각이 들었다.

유키는 자신의 '외증조할아버지'가 죽는 모습을 가까이에서 지켜봤다. 유키의 외증조할아버지는 과거에 내게 그렇게 해주셨듯이 아이들과 잘 놀아주셨다. 할아버지는 방 안 가득 종이를 깔고 그 위에 유키가 원하는 만큼 낙서를 하게 해주셨다. 마당에서는 낙엽을 뒤엎으며 놀아 주셨다.

만약 건강하셨더라면 틀림없이 유키와 바다에 가거나 함께 산에 올랐을 것이다. 그래서 유키는 외증조할아버지를 좋아했다. 옛날에 찍은 할아버지의 잘생긴 사진을 보며 "멋있다."라고 말할 정도로.

유키야, 사람은 얼굴이 중요한 게 아니야, 나를 웃게 해주느냐 아니냐가 중요한 거야하고 설명해줘도 유키는 "아니, 잘생기고 웃겨 주기까지 하면 좋잖아."라고 대답했다. 그건 그렇지.

· · ·

유키는 '군대'를 매우 싫어한다. 그녀가 너무나도 좋아하는 할머니(우리 어머니)도, 할아버지(우리 아버지)도, 평화운동에 관여하고 있다.

우리 아버지는 조기 퇴직하신 후, 오키나와(전쟁과 일본 정부로부터의 희생이 많았던 지역으로 오랫동안 적극적이고 조직적인 평화 운동이 지속되었다.-편집자주)로 갔다. 아버지는 가끔 헤노코邊野古 앞바다에서 카누를 타거나 매립을 감시하는 모양이다. 그래서 유키와 구마에게 할아버지를 만나러 간다는 건 헤노코에 간다는 의미다.

어린아이가 군대나 평화의 의미를 생각해야 하는 게 맞을까? 나는 부모로서 이런 상황에 대해 많이 망설여 왔다. 내가 이렇게 망설이는 이유는 많다.

나는 우리 어머니가 우리를 위해서라며 집회나 데모를 기획하는 게 싫었다. 나는 어머니에게 그런 일을 부탁하지 않았다. 하고 싶다면 당신이 하고 싶어서라고 하지. 나는, 아니 다른 사람은 당신의 활동을 정당화하는 도구가 아니다. 어차피 자식이 집에 돌아온 후에 나간다면 주부 배구단에 가든 평화운동을 하러 가든 자식에게는 똑같다.

그러니까 당당히 말하면 된다. 너를 위해서가 아니라, 내가 하고 싶은 일을 하는 것이라고. 그로 인해 너희에게 피해가 갈지도 모르지만, 어떻게든 너희들의 생활을 보장하려고 애쓰고 있다. 하지만 너희들의 요구에 따르지 못하는 부분도 있을 거다. 바꾸고 싶은 게 있다면 알려달라고.

내가 중학생이 되었을 때, 아버지는 내게 공책을 한 권 주셨다. 거기에는 주요 교과목의 공부 방법이 적혀 있었다. 그리고 마지막에는 나는 너의 아버지이기는 하지만, 아빠로서가 아닌 나 자신의 인생도 있으며, 자신은 그러한 인생을 살 수밖에 없다고 적혀 있었다.

가정을 꾸린 사람이 열두 살 아이에게 쓸 내용은 아니었다. 그때 나는 '그렇게 행동할 거면 가족을 만들지 말았어야지!'라고 생각했다. 하지만 아버지는 정직했다. 그리고 아버지는 실제로 그렇게 살고 있다.

그런 이유로 나는 유키가 우리 부모님이나 우리 외할아버지의 활동에 대해, 유키가 질문을 할 때마다 열심히 답해야겠다고 생각했다. 아이들을 내 정치적 성향이나 정치 운동·사회 운동의 구실로 삼지는 않겠다. 무엇을 하든 혹은 하지 않든 "이건 엄마가 하고 싶은, 혹은 하고 싶지 않은 일이야."라고 말하자고.

‘군대’에 대해 아이에게 이야기하고 싶지 않았던 이유는 또 하나 있다. 내가 초등학생 때 사이타마현에 있는 마루키 미술관에 갔다 오는 길에 토한 적이 있다. 어머니 말로는 그때 나는 미술관에 있던 ‘까마귀’라는 그림을 보고 그 시체 속에 내가 있다고 말했다고 한다. 그 그림은 히로시마에 투하된 원자폭탄에 죽음을 맞았지만, 차별 때문에 매장조차 되지 못한 조선인의 시체를 까마귀가 파먹는 그림이었다.

중학생이 되었을 무렵부터는 "일본과 한국이 전쟁을 한다면 너는 어느 쪽에 붙을 거야?"라는 질문을 몇 번 받았다. 그때마다 겉으로는 "글세 어디쪽으로 붙어야 하나."라고 말하면서도 마음속으로는 '내가 어찌해야 좋을지 몰라 망설이는 사이에 너 같은 놈들이 나를 죽이러 올 테니, 내가 답을 할 필요는 없어.'라고 생각했다.

그런 감정과 무너져내릴 듯한 공포심을 몇 살이 되어야 견뎌낼 수 있을까. 견뎌낼 수 있는 날이 오기는 할까. 그냥 알아듣지 못한 척을 할 수 있게 되는 것 아닐까. 그런 상황과는 되도록 엮이지 않는 게 좋을까. 이 아이들이 ‘군대’라는 걸 알게 되는 상황을 최대한 미룰 수는 없을까.

그런 망설임은 유키와 구마를 데리고 외할아버지를 만나러 갈 때, 미도리가오카 보육원(오키나와 후텐마 기지 인근에 있는 어린이집으로, 미군 헬기가 부품을 떨어뜨리는 사고가 있었다-역주)에 아이를 보내던 오랜 지인을 만났을 때, 후텐마普天間(미해병대의 항공기지가 있는 오키나와의 한 지역-역주)에 사는 지인의 책을 읽었을 때, 미야코지마(일본의 최남단 섬으로, 2008년에 위안부 추모비가 세워졌다-역주)에서 아이를 키우고 있는 지인과 친해질수록 무너져 내렸다. 그들에게는 망설일 여유가 없다.

그들의 아이들은 그 아름다운 바다를 매립하고, 보육원 위에 헬리콥터 부품을 떨어뜨리고, 미군 수송기 소리로 그들을 위협하고, 어떻게든 기지를 만들려는 군대와 그들을 지지하는 행정을 언제 만나는 것이 좋을지 선택할 수 없었다.

내가 망설일 수 있는 것은 그들에게 떠넘기고 있기 때문이다. 떠넘기고 있는 것은 기지뿐만이 아니다. 공포심과 분노를 마주해야 하는 상황도 떠넘기고 있다. 그 사람들은 우리 때문에 선택의 여지가 없다.

그렇다면 우리가 누군가에게 '군대'를 떠넘기는 상황이나 그러한 상황을 바꾸려 한다는 사실도 가능한 한 알기 쉽게 가르치면 된다.

그래서 약 2년 전부터 유키의 질문에 되도록 충실하게 대답해 주려 하고, 내가 하고 싶은 일이나 가고 싶은 곳에 유키가 따라가려고 하면 그것을 막지 않기로 했다.

한번은 오키나와의 '위령의 날'이 얼마 남지 않았을 무렵, 근처 도서관에서 빌려 온 전쟁화 책에 유키가 흥미를 보였다. 그래서 나는 '위령의 날'에 유키에게 후지타 쓰구하루藤田嗣治나 고바야카와 슈세이小早川 秋聲의 전쟁화를 보여 주며 내용을 설명해 주었다. 그 얼마 전에 유키가 우리 본가에서 《총을 든 키지무나てっぽうをもったキジムナー》(다지마 유키히코의 책으로 태평양전쟁중의 오키나와 소녀의 이야기를 담은 그림책.-편집자주)를 읽은 참이라, 우리는 자연스레 중일전쟁·태평양 전쟁과 오키나와 전투에 관해 이야기하게 되었다.

약 70년 전에 일본이 전쟁을 일으켜 오키나와가 전장이 되었다는 점, 수많은 사람이 죽었다는 점, 오늘이 '위령의 날'이 되었다는 점, 오키나와가 아닌 곳에 사는 일본인은 오키나와에 전쟁을 떠넘기고, 오키나와의 물고기나 산호, 듀공을 죽이고도 모르는 척 한다는 점, 오키나와 사람들이 계속해서 그만해달라고 말하는 데도 다들 무시하고 있다는 점 등을 부족한 대로 이야기해 주었다.

　　유키는 가만히 이야기를 듣더니 잠시 후 "신께서는 당신이 만드신 세상과 사람을 모두 사랑하시니까 전쟁은 하면 안 되겠네."라고 속삭이더니 이해했다는 듯한 표정을 지었다. 그런 이야기를 하려던 건 아니었는데…….

　　저녁 식사를 하다가 유키가 갑자기 "군대는 안 돼. 유키는 군대에는 가지 않을 거야."라는 말을 한 적도 있다. 나와 남편이 "왜 그래? 갑자기. 어린이집에서 전쟁에 관한 그림책이라도 읽었어?"라고 묻자 "아무것도 안 읽었어."라고 했다.

　　"하지만 전에 엄마에게 '왜 왕과 여왕 둘 다 있는데, 여왕이 더 적은 거야?'라고 물었더니 '옛날에는 남자만 전쟁에 나갔기 때문에 여자는 대단하지 않다고 여겨서 여왕이 적었어.'라고 했어. 군대가 없었다면 여왕도 많았을 거 아니야."

　　"군대가 사용하기 위해 비행장을 만들어서 바닷속 생물이 죽는 거야."

"여자를 어딘가에 가두고 남자가 몸을 만지게 하는 장소도 군대가 있기 때문에 생긴 거잖아. 얼마 전에 한국에서 배웠어."라며 열을 올렸다.

유키가 이런 말을 하기 약 한 달 전에 나는 서울에 갔다. 그때, 나는 유키를 전쟁과여성인권박물관에 데려갔다. 하지만 그때 딱히 유키에게 무언가를 가르칠 생각은 없었다. 그저 내가 가고 싶어서 간 것이었다. 그리고 어떤 곳에 갈지 설명한 다음 "아빠와 함께 있어도 돼. 가고 싶지 않으면 가지 않아도 돼. 하지만 엄마는 가고 싶어."라고 말했더니 유키가 "그럼 갈래."라고 순순히 대답했기에 괜찮겠지하는 마음으로 데려가고 말았다.

다시 말하지만 나는 이른바 '편향 교육'을 하려고 생각한 적은 없다. 어쩌면 나는 '우파도 좌파도 아닌 보통 일본인'에게는 좌파 성향으로 보일 수도 있다. 하지만 의회 민주주의와 자본주의 경제를 원칙적으로 긍정하는 사람은 좌파가 아니다. 평화와 기본 인권과 자연보호를 긍정하는 사람의 어디가 편향되어 있다는 건지. 애초에 어느 곳이나 다 내가 가고 싶을 뿐이다. 내 아이를, 어딘가를 가거나 가지 않는 이유로 삼는 것이 이상하다.

그건 그렇다 치고, 유키가 이렇게나 진지했다니. 조만
간 야무진 표정으로 자신을 '좌파도 우파도 아닌 보통 일본
인'이라고 소개하지 않을까. 아니, 그렇게 말해도 상관없다.
그렇게 되면 일단 우파와 좌파의 정의부터 논의하자. 엄마
는 그날까지 네 도전을 기다리고 있을 테니.

유키가 너무나도 좋아했던 외증조할아버지는 우수한
성적으로 구제 중학교(일본 영토에 설치되었던 중등교육기관_편집
자주)를 졸업했다. 담임 교사는 할아버지에게 구제 고등학
교에 들어가라고 권했다. 하지만 동네에서 초밥집을 운영
했던 할아버지의 부모님은 애초에 아들을 구제 고등학교에
보낼 생각이 없었다. 결국 할아버지는 그 당시 시미즈清水시
에 있던 기숙사제 상선 학교에 들어갔다. 태평양 전쟁 말기
에 그곳은 특공대를 배출하는 곳이었다.

어느 날, 할아버지가 농담으로 "어차피 죽을 거라면 맛
있는 음식을 먹고 죽고 싶다."라고 말했다. 그랬더니 그 말
을 들은 선배가 할아버지를 크게 혼냈고, 그 후 할아버지는
심한 괴롭힘을 당했다. 사실 괴롭힘이라는 말도 틀렸다. 할

아버지는 며칠 동안 식사를 제공받지 못했고, 집단 폭행을 당했다.

　이대로 있다가는 죽겠구나 싶던 할아버지는 밤에 몰래 학교를 빠져나왔다. 할아버지가 빠져나온 그 밤, 시미즈시에 공습이 있었다. 죽기 직전의 상태로 시즈오카역에 도착한 할아버지를 우연히 할아버지의 여동생이 발견해, 본가로 데리고 갔다. 그 후 두 달 뒤 일본은 항복했다. 누구도 할아버지가 도망친 것을 문제 삼지 않았다.

　부상에다가 몸도 쇠약해져 있던 할아버지는 한동안 누워 지냈다. 간신히 걸을 수 있게 된 어느 날 시내를 어슬렁거리고 있었는데, 어느 가게에서 이제껏 들어본 적이 없는 음악이 흘러나왔다. 할아버지는 그 음악을 듣고 감동해 길거리에서 눈물을 흘렸다.

　그 음악은 레코드판을 밖을 향해 틀어 놓은 집에서 들려오고 있었다. 할아버지는 그 집 주인에게 누구의 무슨 곡이냐고 물었다. 집주인은 '차이콥스키'라는 이름과 '비창'이라는 곡명을 가르쳐 주었다. 그때가 되어서야 할아버지는 비로소 자신들이 전쟁에 패했다는 것을 알았다. 이런 음악을 만드는 사람들에게 패했다는 것을.

. . .

9월에 우리는 헬싱키에서 전철로 약 한 시간 거리에 있는 헤멘린나Hämeenlinna라는 도시에 갔다. 호숫가에 자리한 중세 시대의 성이 유명한 도시다. 성 옆에는 입장료에 2유로를 추가하면 입장할 수 있는 군사박물관Museo Militaria이 있다. 온 김에 들어가 보니 중세 시대부터 유엔군 참전까지 총망라되어 있는, 전시물의 수나 내용 모두 알찬 박물관이었다.

핀란드는 20세기에(핀란드공화국의 역사는 1917년부터 시작한다) 세 번의 큰 전쟁을 경험했다. 그 가운데 한 번은 내전이었고, 나머지 두 번은 인접한 소비에트 연방과의 전쟁이었다. 핀란드는 1917년까지 러시아 제국의 일부였지만, 러시아가 혁명으로 가장 혼란스럽던 시기에 독립했다.

하지만 그 이듬해에는 공산주의를 신봉하는 적위군과 반공산주의의 백위군으로 분열되어 내전을 시작했다. 백위대는 지주, 도시 공무원, 자산가로 구성되어 있었고, 전체 병력은 8~9만이었으며, 지도자는 러시아 제국군에서 활약한 카를 구스타프 만네르헤임(1867-1951)이었다. 적위대는 지도자층 외에는 도시 노동자와 지방의 빈농으로 구성되어 있었으며, 전체 병력은 약 8만 4천 명, 그 가운데 4천 명은 러시아인 의용병이었던 것으로 보인다.•

　게다가 러시아에서 2월 혁명이 발발하자 제1차 세계대전 중에 핀란드에 주재하고 있던 러시아군은 철수했다. 그들은 철수하면서 적위대에게 무기와 식량을 건넸다.

　한편, 백위대에는 스웨덴에서 보낸 1,100명의 의용병과 독일에서 훈련을 받던 보병Jääkäri 부대 외에도 정부의 요청에 따라 1918년 4월에 독일 발트 사단 9,500명(만 2천 명이라는 설도 있다)이 핀란드 남서부에 도착해 합류했다.••

　1년에 걸친 핀란드 내전은 백위군의 승리로 끝났다. 적위군의 지휘자는 러시아의 카렐리야 지역으로 망명해 1918년 8월에 모스크바에서 공산당 정권을 수립했다. 한편 붙잡힌 적위대 병사들은 대부분 수용소로 보내졌다. 내전으로 3만~3만 8,500명이 사망했는데, 그 가운데 3분의 1은 전투가 아니라, 전쟁이 끝난 후 수용소의 열악한 환경에서 영양

• 이시노 유코(石野裕子)《이야기 핀란드의 역사》주코신쇼, p.108
•• 위와 같음, p.110

실조에 걸리거나 세계적으로 유행했던 스페인 독감에 걸려 사망했다.

내전 후에는 '백색 테러', '적색 테러'라 불리는 복수나 학살로 더 많은 인명을 잃었다.[•] 자신들이 만든 나라를 둘로 나누고, 서로를 죽인 핀란드 내전의 기억은 20세기 말이 될 때까지 공적인 자리에서 언급되지 않았다.

핀란드가 공산주의와 반공산주의의 대립을 표면적으로나마 극복한 것은 제2차 세계대전, 정확히 말하면 소비에트 연방과 두 차례의 전쟁을 겪으면서였다. 핀란드는 1939년 11월 30일부터 1940년 3월 13일까지 소련과 벌인 첫 번째 전쟁을 '겨울 전쟁', 1941년 6월 25일부터 1944년 9월 19일까지 소련과 벌인 두 번째 전쟁을 '계속 전쟁'이라 부른다. 핀란드의 공식적인 역사 기술에서는 이 두 전쟁이 일련의 것으로 나와 있다.

군사박물관에서 제2차 세계대전 이전의 핀란드에 대해 설명해두는 부분을 보면, 당연히 스탈린의 극악무도한

• 위와 같음, p.112

하메 성

짓이 강조되어 있다. '핀란드는 소련과 전쟁할 의사가 없었
다. 그저 전쟁에 휘말린 것이다. 핀란드는 중립을 지키고 싶
었지만 무리였다. 독립을 지키기 위해서는 어쩔 수 없었다.'
라고.

확실히 겨울 전쟁에서는 소련보다 병력도 장비도 전
부 부족했던 핀란드군 사망자가 소련군 사망자의 약 6분의
1 수준이었다. 전쟁에는 졌지만, 선전했다는 기억은 핀란드
인의 단결력과 용감함의 나타내는 이야기가 되었다. 전쟁
에서 졌기에 오히려 국민적인 이야기가 되다니. 마치 제1차
세계대전 당시 ANZAC^{Australian & New Zealand Army Corps}(제1차 세계
대전 당시 창설된 호주-뉴질랜드 연합군으로, 1916년 갈리폴리 전투에서 패
한 후 해산되었다가 훗날 다시 편성되었다-역주)의 파멸 신화 같았다.

하지만 최근 소련과 치른 두 번째 전쟁, 즉 계속 전쟁에
서는 핀란드에 영토 확장 의도가 있었다는 사실이 밝혀지
고 있다.* 핀란드 정부는 계속 전쟁을 시작하기 전에 역사학
자나 지리학자에게 소련령인 카렐리야 지역이 핀란드의 영
토라고 독일에 증명하는 각서를 작성하게 했다. 핀란드군

---

* 위와 같음, p.145

은 러시아 카렐리야 지역을 점령했을 때, 러시아계 주민이나 공산주의자로 보이는 주민을 강제수용소로 보냈고, 카렐리야인이나 잉그리아인 등 '근친 민족'으로 보이는 사람들에 대해서는 동화정책을 폈다.

핀란드는 나치 독일의 소련 침공 계획인 '바르바로사 작전'에도 참가했다. 이번에도 핀란드군을 이끈 만네르헤임의 생일에는 히틀러가 독일에서 찾아왔다. 아무리 호의적인 눈으로 보아도 핀란드가 전쟁에 휘말렸다, 독립을 지키기 위해 소련과 전쟁을 할 수밖에 없었다고 말하기는 힘들어 보인다.

핀란드는 1944년 9월에 모스크바 휴전협정에 따라 소련군에 패배했다. 독일군은 핀란드에서 철수할 때 라플란드Lapland에서 핀란드군과 전투에 돌입했고, 라플란드 전쟁Lapin sota라 불리는 초토 작전을 실시했다.

전쟁이 끝난 뒤, 핀란드는 세계 최초로 '인도에 반하는 죄'라는 죄상을 만든 전쟁 책임 재판을 열었다. 원래 핀란드 정부는 전쟁 당시의 지도자를 은퇴시켜 재판을 대신하려고 했지만, 핀란드 공산당의 계보를 이은 핀란드 인민민주동맹이 선거에서 약진한 데다, 연합국 관리위원회 부의 장이었던 그리고리 미하일로비치 사보넨코프Grigori Mihailovitš Savonenkov의 거듭된 요구와 1945년 5월에 독일이 패망하면서 국제적으로 전쟁 책임을 추궁하는 목소리가 커지면서 자국에서 전쟁 책임 재판을 시행하는 쪽으로 방침을 변경했다.[•]

전시 중에 대통령이었던 리스토 뤼티Risto Ryti를 비롯한 지도자 여덟 명은 전원 유죄 판결로 금고형을 받았으나, 모두 복역 중에 가석방이나 특별 사면을 받았다. 그 후, 핀란드는 소련의 관리하에 놓여 1947년에 파리 평화조약을 체결할 때까지 국제사회로 복귀할 수 없었다.

지금도 핀란드에서는 18세 이상의 모든 남성에게 병역 또는 대체 복무의 의무를 부과한다. 핀란드 국적을 소지한 남성은 18세 생일을 맞는 해의 1월 1일부터 29세가 되는 해 사이에 6~12개월간 병역을 수행해야만 한다. 병역을 마친 뒤에는 예비역으로서 재훈련에 참여할 의무가 있다. 2019년에는 종교적 신조를 이유로 병역을 거부해 온 여호와의

• 위와 같음, p.180-181

증인 신자도 양심적 병역 거부를 할 수 없게 되었다.**

팬데믹 기간 동안 긴급사태 선언이 발령되기도 했지만, 이러한 긴급사태가 원래 상정하고 있던 것은 당연히 (러시아와의) 전쟁이다.

나는 핀란드의 역사를 거의 모른다. 하지만 얼마 되지 않는 지식을 참고해 이 박물관의 전시를 보다가 어떠한 사실 하나를 눈치챘다. 이 박물관의 전시는 전쟁이 나쁘다는 전제를 하지 않는다는 것이었다. 이 박물관은 히로시마나 나가사키의 원폭자료관처럼, 우리 외할아버지가 모아 온 그림처럼, 전쟁이 얼마나 끔찍한지, 피해야만 하는 것인지 보여주지 않는다.

군사박물관이니 당연할 수도 있다. 하지만 그렇다면 가령 일본에서는 '그 전쟁'을 좋은 전쟁이라고 말할 수 있을까.

일본에서는 그것을 긍정적으로 생각하든 부정적으로 생각하든, 현재 일본 헌법 제9조를 어떻게 보느냐는 문제와 관계없이 일본의 전쟁과 군대에 대해 이야기하거나 생각할

** YLE, 2019년 2월 28일, "Jehovah's Witnesses lose exemption from military service"

때, '전쟁을 포기' 했다는 것을 전제로 한다. 그리고 그러한 전제를 하지 않는 모습이 나는 당혹스러웠다.

어째서지? 어째서 전쟁이 비참하지 않은 거야. 당연히 그래야 할 텐데. 설마 당신들은 도시 폭격을 거의 받지 않고 소련과 정전 협상에 들어갔기 때문인가. 일본의 어리석은 제국 정부가 눈을 멀뚱멀뚱 뜬 채로 연합군에 신민들이 목숨을 잃는 것을 지켜본 것과는 달리 당신들은 전쟁을 빠르게 끝내버렸기 때문인가.

일본의 평화주의 같은 건 기만이다. 일본은 한국전쟁이라는 특수를 이용해 경제를 부흥시켰고, 오키나와에 군사기지를 떠넘기고, 베트남 전쟁 당시 후방 기지 노릇을 하고, 아프가니스탄 전쟁과 이라크 전쟁에서도 미군을 지원해 왔다. 1954년 이후로 일본 정부는 자위대를 어떻게 평가하고, 어떠한 위치에 두어야 할지 줄곧 설명하지 못하고 있다. 헌법 9조야말로 야당이 규합할 수 없는 이유일 수도 있다.*

그런 지적은 아마 틀리지 않을 것이다. 그래도 나는 이

---

* 마에다 고우(前田 耕), 2018년 8월 1일, 〈'일강다약'의 정치를 어떻게 볼 것인가

처럼 전쟁을 긍정적으로 바라보는 담담한 시선-혹은 부정적 시선이 결여된 모습을 목격하며 공포를 느꼈다. 설령 일본에서 전쟁을 부정적으로 바라보는 이들이 자신들이야말로 피해자라는 인식을 지녔다고 해도.•

• • •

우리 외할아버지는 전쟁이 끝난 뒤, 차이콥스키의 곡을 들으며 눈물을 흘리셨다. 하지만 할아버지는(혹은 대일본제국은) 눈물을 흘릴 정도로 아름다운 음악을 만든 사람들에게만 진 것이 아니다.

우리 외할머니는 시즈오카가 공습을 당하던 그날 밤까지 전쟁이 자신에게 피해를 끼친다고 생각하지 않으셨다. 그보다 훨씬 전부터, 할머니가 철이 들기 전부터 일본은 중국을 침략하고, 동남아시아를 침략하고 있었다. 가해의 인식과 피해의 인식은 배타적이지 않다. 우리 외조부모님은 그 사실을 알고 계셨다. 그분들은 자신들만 피해자라고는

• '어째서지?'부터 시작되는 세 문단은 한일 혼혈인 저자의 혼란스러운 생각이 의식의 흐름대로 그대로 쓰여 있어 한국인으로서는 거부감이 느껴지고 내용에 일관성이 없지만, 그대로 번역함. 같은 이유로 '신민'이라는 표현도 그대로 옮김.-역주

말하지 않으셨다.

　우리 어머니는 대학생이 된 후에야 일본이 아시아의 여러 나라에 저지른 가해를 알게 되었다. 그리고 외할아버지가 관여하시는 시즈오카 평화 자료 센터는 자신들의 피해 경험만을 수집하거나 이야기하고 있으며, 일본의 침략이나 가해행위는 다루지 않는다고 비판했다. 그러자 외할아버지는 언짢은 표정으로 "자신의 피해조차 인식하지 못하는 녀석들이 가해가 뭔지를 알 리가 없지.", "가해라는 건 말이야, 고통스럽지 않은 거라서 머리를 쓰지 않으면 몰라."라고 대답하셨다고 한다.

　외할아버지 같은 사람들이 죽거나 말을 할 수 없게 되어 그 공포의 감각과 '머리를 쓰지 않으면 모르는' 가해의 인식이 이어지지 못한다면 일본에서 전쟁과 군대를 이야기할 때의 전제는 유지될 수 있을까.

　외할아버지는 첫 월급으로 차이콥스키의 교향곡 '비창'을 사고, 축음기를 빌려 레코드판이 닳도록 들으셨다. 어느 날, 할아버지는 자신에게 조직적으로 린치를 가했던 장교를 버스 안에서 발견했다. 할아버지는 그 장교에게 말을 건 다음, 버스에서 끌어 내려 마구 팼다. 그 장교는 약해 빠진 녀석이었던지라 그 꼴이 비참했다고 할아버지는 우리 어머니에게 말씀하셨다.

전쟁에 대한 인식은 그 전쟁의 결과로 성립한 국가를 보는 인식과도 연결되어 있다. 외할아버지는 줄곧 "나는 반권위, 반권력이다."라고 말씀하셨다. '그건 할아버지가 남이 하는 말을 듣고 싶지 않을 뿐이잖아요. 할아버지는 본인이 권위나 권력을 휘두르는 건 아무렇지 않아요?'라고 나는 늘 생각했다.

외할아버지는 확실히 본인이 최고가 되지 않으면 성에 안 차는 사람이었다. 하지만 할아버지는 어쩌면 굶주리고, 얻어맞고, 몸져누웠다가 다시 일어나 얻어맞은 만큼 상대방을 패면서 내가 모르는 것을 알아차리셨을지도 모른다.

전쟁을 위해 죽으라고 말했던 국가와, 그 권력과 권위를 몸소 보였던 그 인물과, 거기에 관련된 사람들이 실로 비참해졌다는 것에. 그것에 속으면 안 된다. 그것에 속아서 우리는 자신이 받은 피해조차 알지 못했다, 그렇게 통감한 사람들이 어떻게 국가와 정부를 신뢰할 수 있을까.

'전쟁 후 일본인의 애국심이 사라진 것은 전쟁에서 졌기 때문이다.', '미국 탓이다.'라는 핑계를 들을 때마다 나는 생각한다. 자신들을 속인 비참한 사람과 집단이 벌을 받지 않고 여전히 잘 살아가는 국가를 어떻게 사랑할 수 있을까.

애국자에게는 정부에 대한 신뢰를 바탕으로, 정부의 지시를 따르는 사람들의 모습이 아름다운 광경일지 모른다. 하지만 자신들을 속이고, 괴롭히고, 그대로 방치한 조직의 지시에 변함없이 따르는 인간들의 모습은 무섭거나 우스꽝스럽거나 혹은 둘 다이지 않을까.

외할머니는 내게 전쟁 이야기를 하실 때, 나를 보고 있지 않았다. 할머니의 눈에 비친 것은 젊은 시절의 할아버지나 캄캄했던 시즈오카의 거리, 불길 속에 달아난 개, 불타오르는 강이었다. 나는 그 가운데 어느 것도 볼 수 없었다.

내가 만약 유키와 구마에게 시즈오카 공습에 관해 이야기하려 한들, 무엇을 말할 수 있을까. 나는 내게 없는 경험을 지식으로 메울 수밖에 없다. 하지만 그 지식은 어떠한 감정을 바탕으로 할까. 나는 나 자신이 전쟁이나 군대에 한 일이 아무것도 없는 채로 그저 죽어 가는 사람들에 기대어 얻은 경험밖에 없다. 그렇기에 그들이 사라진 뒤, 어떻게 해야 할지 모른다.

　박물관 밖으로 나가자, 전차와 포탄이 아름다운 호수와 중세 시대의 성을 배경으로 나란히 놓여 있었다. 유키와 구마는 싫증이 났는지 공원에 놀러 가고 싶어 했다. 공원도, 성도, 호수도, 햇살도, 그림으로 그린 것처럼 아름다웠다.

　이 박물관의 전시처럼 좀 더 현명하게 결론 지을 방법이 있었을지도 모른다. 하지만 일본은 사회 전체가 그런 방법을 택하지 않았다. 그렇게 유지되어 온 평화주의라는 허울은 기만적이다. 하지만 사람들은 그 허울을 기만이 아닌 것으로 만들기 위해 나름대로 그 시대에 맞는 방법으로 노력해 왔을 것이다.

　그리고 오늘날에는 전쟁 그 자체가 예전의 전쟁과는 달라지고 있다. 과거 다른 형태의 비참함이, 계속 다른 곳에서 일어나고 있으며, 결국 내가 느껴 온 그 가슴이 무너져 내릴 듯한 공포도 여전히 계속되고 있다.

마이넘버와 국가에 대한 신뢰

핀란드에는 개인번호(사회보험번호라고도 불린다)가 있다. 핀란드에 머물러도 된다고 인정받으면 '생일+네자릿수'의 번호가 기재된 거주허가증이 발급되는데, 그 '생일+네자릿수' 번호가 개인번호에 해당한다. 그 번호는 보험증에도 기재되며, 핀란드에서 병원에 갈 때나 면허증을 신청할 때, 은행 계좌를 개설할 때, 주민등록을 할 때, 어린이집이나 초등학교의 입학 절차를 밟을 때 등등 거의 모든 공적인 생활에 꼭 필요하다.

이 개인번호와 관련해 가끔 핀란드와 일본을 비교하는 기사를 발견한다. 예를 들자면 다음과 같다.

"유엔이 선정하는 '세계에서 가장 행복한 나라 순위'에서 4년 연속 1위를 차지한 북유럽의 핀란드. 행복의 열쇠 가운데 하나는 모든 공공서비스에 이용할 수 있는 개인 식별 번호 '마이넘버'에 있는 듯하다. 일본에서는 보급률이 여전히 약 30%로 저조한 마이넘버 카드도 핀란드에서는 전 국민이 소지하고 있으며, 일상생활 속 다양한 상황에서 크게 활약하고 있다.", "국가에 대한 신뢰가 있기에 핀란드에서는 디지털화가 진행되었다.●"

● 세리사닷컴, 2021년 6월 5일, '핀란드에서는 마이넘버가 일상생

"핀란드의 보안 기술은 유럽에서도 최첨단으로 알려져 있으며, 관련 법 정비도 진행되고 있다. 그뿐만이 아니다. 핀란드에는 있지만, 일본에는 부족한 중요한 요소가 있다. 바로 '신뢰'다.", "정부에 대한 신뢰도가 높다는 것은 개인 예금의 잔액이 적은 점에도 잘 나타나 있다. 무슨 일이 생겼을 때 정부가 복지로 지켜 줄 것이라는 신뢰가 있기에 개인이 저축을 할 필요가 없다.●"

자, 먼저 핀란드의 저축률이 낮은 이유는 저축할 필요가 없기 때문이 아니라, 받는 급여에 비해 물가와 세금이 너무 높기 때문이 아닐까 하는 의심이 든다. 하지만 그점은 일단 제쳐두고 앞의 두 문장은 '핀란드에서는 공공서비스에 개인번호가 폭넓게 이용되고 있다.', '핀란드는 정부에 대한 신뢰도가 높다.', '개인번호의 폭넓은 이용과 정부에 대한 높은 신뢰가 핀란드의 높은 행복도를 뒷받침하고 있다.'라는 세 가지 논지로 구성되어 있다.

만약 이 각각의 요소에 대해 일본과 비교한다면 '일본에서는 공공서비스에 개인번호가 이용되지 않는다.', '일본에서는 정부에 대한 신뢰도가 낮다.', '개인번호가 이용되지 않는 점과 정부에 대한 낮은 신뢰도가 일본의 낮은 행복도의 원인이 된다.'라는 뜻이

활에서 대활약, 어째서 일본과 이렇게 다른가?

● 기시다 하나코(岸田花子), FNN 프라임 온라인, 2021년 6월 14일, 〈'행복도 세계 1위' 핀란드에서 인생의 위기에 손을 내민 '오로라 AI'…무엇이 대단한지 조사해 보았다

될 것이다.

우선 일본에서 마이넘버가 없으면 받을 수 없는 공공서비스가 별로 없다. 2020년 OECD 조사 결과[•]에 따르면 일본에서 중앙정부national government를 신뢰하고 있다고 답변한 사람의 비율이 전체의 42.3%로, 프랑스(41.0%), 스페인(38.2%), 벨기에(29.5%) 같은 국가보다는 높지만, 한국(44.8%), 멕시코(45.9%), 러시아(47.8%) 같은 국가보다는 낮다. 정부에 대한 신뢰도가 가장 높은 상위 3개국은 스위스(84.6%), 노르웨이(82.9%), 핀란드(80.9%)였다.

또 반드시 깊은 상관관계가 있는 것은 아니지만, 유엔이 발표한 '세계 행복 보고서World Happiness Report'에 따르면 행복도가 높은 국가일수록 정부에 대한 신뢰도가 높아지는 경향이 있다. 왜냐하면 지표 가운데 하나인 '부정부패 인식도perceptions of corruption'는 실제로 부정부패한 정도를 측정하는 게 아니라, 부정부패를 사람들이 얼마나 인식하고 있는지를 측정하는 지표이기 때문이다. 보통 정부의 부정부패가 널리 알려져 있으면 그 정부에 대한 신뢰도는 낮게 나올 것이다.

한편, '개인번호가 폭넓게 이용되고 있는 이유는 국민이 정부를 신뢰하고 있기 때문이다.'라는 가정은 과연 맞을까. 나는 이 문

- data.oecd.org/gga/trust-in-government.htm

제를 검토한 논고를 발견하지 못했다.

다만, '일본에서 어째서 개인번호가 널리 이용되지 않는 것일까?'라는 의문에 답한 연구는 이미 책으로 출간되었다. 《번호를 만드는 권력 番号を創る権力》(나지현 저, 2019)는 복지국가의 발전에 따른 행정기능의 확대와 국민·주민등록제도의 변천을 일본을 중심으로 한국·미국·영국·스웨덴 등 다른 국가와 비교해 논하고 있다.

그 짜릿한 전개는 실제로 책을 읽어보시길 바란다. 일단 이 책에서 인상적인 점은 역사적인 한 시기에 급하게 복지국가를 건설하기 위해 제도를 마련하는 경우(스웨덴이 여기에 해당한다), 번호등록제도가 정비된다는 것이었다. 반대로 다양한 부처에서 장기간에 걸쳐 저마다 독자적인 등록제도를 만든 경우, 모든 제도를 관통하는 통일된 개인 등록번호 제도를 만들기가 쉽지 않다(미국, 영국, 일본이 여기에 해당한다).

또한 국가에 대한 높은 신뢰도와 개인번호 등록의 보급률은 그다지 관계가 없다. 한국은 주민번호의 보급률이 일본과 현격한 차이를 보이지만, 앞서 인용한 OECD 조사 결과를 보면 국가에 대한 신뢰도는 44.8%로, 일본보다 조금 높은 정도다. 마찬가지로 개인번호를 이용한 '디지털화'가 진행된다는 에스토니아도 국가에 대한 신뢰도는 46.5%로 미국과 비슷한 수준이다.

즉, 개인 등록제도의 보급률과 정부에 대한 신뢰도는 딱히 관계가 없다. 정부에 대한 높은 신뢰도는 세계 행복도 조사 결과에 영향을 끼치지만, 국가에 대한 신뢰가 높지 않아도 개인 등록제도는 보급될 수 있으며, 그 보급률은 복지국가가 제도화된 역사적 경위에 영향을 받는다.

그리고 국가를 신뢰하는 것이 과연 좋은 것일까. 일본의 현대사를 보면 국민이 국가를 신뢰했다가 호되게 배신당한 적이 있다. 그러한 과거를 아직 다 청산하지 못했는데도, 아니 어쩌면 처음부터 과거 청산 같은 건 생각하지도 않고 수십 년이 흘러가 버렸는데도 그곳에 사는 사람들이 국가를 신뢰한다면 그게 더 이상하다.

개인 등록제도의 보급률과 국가에 대한 신뢰도는 딱히 관계가 없다. 그러니 개인번호가 잘 보급되어 있기 때문에 핀란드의 행복도가 세계 최고라는 논의는 올바르지 않다. 어떠한 일본의 사회 문제를 언급할 때, 왜 번번이 핀란드가 그 대상으로 선정되는지는 또 다른 흥미로운 문제지만.

8

핀란드와 일본 사이니까
러시아인이야

그럼 간호사를 하면서
정치가가 될 수 있겠네.

- 유키

헬싱키로 이사를 온 직후, 나는 중고로 산 자전거를 타고(핀란드에도 중고거래 사이트가 있다), 인근 지역을 돌아보았다. 40분 정도 달린 뒤, 북동쪽으로 가다 보니 중간에 대형 슈퍼마켓이 보였다. 마침 냉장고가 비어서 그곳 주차장에 자전거를 세우고 슈퍼마켓으로 들어갔다.

장을 보고 나오니 주차장에 남자아이들 몇 명이 모여 있었다. 보아하니 초등학교 5, 6학년 혹은 이제 막 중학교에 올라간 나이로 보였다. 내가 자전거 쪽으로 향하자 그 아이들은 웃으며 어디론가 뛰어가 버렸다. 아이들이 웃으며 뛰어가는 모습을 봐도 평소에는 그다지 불쾌한 기분이 들지 않았는데, 그날은 뭐랄까 찜찜한 기분이 들었다.

　　그 아이들은 나를 보며 웃고 있었다. 그리고 그 웃음은 그리 우호적이지 않았다. 안 좋은 일이라도 당한 건가 싶었는데, 자전거를 타고 출발한 지 5분 만에 내 자전거 타이어에 큰 못이 박힌 것을 발견했다. 당했구나 싶었지만, 그 아이들이 그랬다는 증거는 없었다. 결국 나는 자전거를 끌면서 돌아와야 했고, 다음 날 태어나서 처음으로 직접 펑크 난 자전거 바퀴를 수리했다.

　　다음 날, 직장의 커피룸에서 전날 있었던 일을 이야기했다. 동료인 에이다 씨는 내가 정확히 어디에 갔었는지 물었다. 내가 지명을 말했더니 에이다 씨는 "헬싱키에서 가장 안 좋은 동네 중 한 곳이야."라고 말했다. 그녀의 말로는 헬싱키에는(혹은 핀란드에는) '나쁜 지역'도 없고 위험한 장소도 없다고 한다. 다만 좋은 곳과 더 좋은 곳과 그다지 좋지 않은 곳이 있을 뿐이라고 했다. 내가 자전거를 세운 슈퍼마켓이 있는 지역은 그다지 좋지 않은 곳 가운데서도 가장 애매한 곳이라고 했다.

　　핀란드에도 '야후 재팬 지혜 주머니(한국의 네이버 지식인 같은 서비스-역주)' 같은 사이트가 있다. 예를 들어 '아이가 있고, 반려동물은 키우지 않는 3인 가족이 헬싱키로 이사를 왔어요. 추천할 만한 동네가 있을까요?'라는 질문을 보았더니 '글쓴이: 정보가 더 필요해요. 차는 있어요? 예산은? 아이의 나이는? 그에 따라 다르죠.', '무덤이요.', '어디든 정붙이고 살면 고향이라고 하잖아요.'라는 식의 직설적인 답변이 주르륵 달려 있었다.

그 사이트에서 내가 갔던 슈퍼마켓이 있는 지역명을 검색해 봤다. 그러자 '정말 국제적이고 글로벌한 지역이에요! 우리 아이가 다니는 초등학교에서는 아무도 핀란드어를 할 줄 몰라요 ㅋㅋ.', '역 앞에는 알코올중독자가 누워 있어 최악이에요.', '이민자들밖에 없어요.', '이민자들밖에 없을지는 모르지만, 역 앞에 쓰러져 있는 알코올중독자는 핀란드인일걸.' 같은 댓글들이 달려 있었다. 나도 이민자인데.

직장 동료 지현 씨는 "핀란드인이 말하는 '좋은 지역'이라는 건 핀란드인만 사는 지역이에요. '나쁜 지역'은 유색인종 이민자가 많은 지역이고요."라고 말하며 웃었다. 나나 지현 씨 같은 황인종은 당연히 유색인종이다.

이곳에서 알게 된 한 일본인 여성과 이야기를 나누던

중에 그녀가 문득 "얼마 전에 뉴스에서 봤는데, 핀란드에서 15~24세 젊은이들에게 가장 인기가 많은 정당이 '핀인당(핀인은 핀란드어를 모국어로 사용하며 핀란드에 거주하는 민족으로, 핀란드라는 국명도 핀인에서 유래되었다. 핀란드인의 대다수가 핀인이지만, 핀란드에는 스웨덴인을 비롯한 다른 소수민족도 살고 있기에 핀란드인이라는 표현과 구분된다-역주)'이라고 하더라. 나는 그 젊은 유권자들의 마음이 어느 정도 이해가 돼."라는 식의 이야기를 했다.

나는 그녀가 그렇게 공감하는 근거에 오히려 더 관심이 갔다.

예를 들어, 자신만 아시아계이고 주변 사람들은 전부 유럽계일 때 안심하는 사람은, 만약 아프리카계나 무슬림계 사이에서 지내게 된다면 어떤 느낌일까? 만약 주변 사람이 유럽계일 때와 기분이 다르다면 그 이유는 무엇일까?

'젊은 사람들이 핀인당에 투표하고 싶어 한다니 그럴 수 있지.'라고 생각한다면 우선 핀란드가 난민 신청자나 노동이민자를 얼마나 받고 있는지 조사해 보길 권한다. 총인구가 551만 명인 핀란드는 2019년 일 년 동안 4,550명의 난민 신청자를 인정하고 받아들였다(일본은 44명, 총인구 1억 2,617만 명). 물론 핀란드가 받아들인 난민의 수는 절대적인 수로 보나 인구 대비 수로 보나 일본보다 훨씬 많다.

그러나 독일(14만 2,500명, 총인구 약 8,302만 명), 프랑스(12만 3,900명, 총인구 6,699만 명), 스페인(11만 8,300명, 총인구 약 4,694만 명), 그리스(7만 4,900명, 총인구 약 1,072만 명), 이탈리아(3만 5천명, 총인구 약 6,036만 명)의 수용자 수와는 비교되지 않는다. 그리고 독일의 누적 난민 수용자 수(110만 명)도 튀르키예(390만명)나 콜롬비아(180만 명)에는 미치지 못한다.•

이민자들이 이주한 국가에서 저임금 노동자가 되거나 불안정한 노동 상태에 빠져 빈곤에 시달린다면, 그것은 과연 이민자 개인의 문제일까. 자국에서 중학교 교사로 근무했던 사람이 핀란드에서 청소부로 일할 수밖에 없다면 그건 오직 이민자 개인의 책임일까.

알코올중독으로 힘들어하는 사람이나 빈곤 상태에 놓인 사람의 비율을 보면, 핀란드에서 나고 자란 사람과 이민 1세대 혹은 피부색이나 모국어에 따라 얼마나 차이가 날까. 만약 자신을 아프리카계나 무슬림계로 간주하는 사람들 중

• 위의 수치는 UNHCR '수치로 보는 난민 정세(2019년)'

알코올중독에 빠지거나 빈곤 상태에 처하는 경우가 많다면 그것은 사회적 차별에서 기인한다고 볼 수도 있다.

2018년, 유럽연합은 〈EU에서 흑인이라는 것-평등·반차별·인종차별*〉 이라는 보고서를 출판했다. 그 보고서에 따르면 EU 회원국 중에 과거 5년 사이에 인종적 괴롭힘을 받았다고 답한 응답자의 비율은 핀란드가 63%로 가장 높았다.** 인종차별적인 폭력을 당했다고 답한 사람의 비율도 EU 회원국 중에서는 핀란드가 가장 높았다(14%).***

그런데 고등교육을 수료한 이민자의 비율은 프랑스(36%, 이민자가 아닌 사람 중에서는 29%), 아일랜드(46%, 이민자가 아닌 사람 중에서는 34%)와 나란히 핀란드(39%, 이민자가 아닌 사람 중에서는 30%)가 높았다.****

팬데믹 기간 동안 헬싱키시 웹사이트에서는 2주마다 인구당 신규감염자 수의 증가율을 확인할 수 있었다. 증가

- 2018년 11월 28일, European Union Agency for Fundamental Rights, "Being Black in the EU: Equality, non-discrimination and racism"
- 위와 같음, p.7
- 위와 같음, p.13, 21
- 위와 같음, p.45

율이 높은 지역은 완벽하다 싶을 정도로 아프리카·중동 출신 이민자 비율이 높은 지역이었다. 모두 지하철과 전철(노면전차가 아닌)이 지나는 지역이기도 하다. 대중교통을 이용하며, 재택근무가 불가능한 사람들이나 여러 세대가 한 집에 모여 사는 사람들이 많은 지역에서 확산된 것이었다.

그렇다면 과연 그런 식으로 감염된 사람들이 위험한 사람들일까. 위험한 것은 감염증이고, 그다음으로는 그러한 감염을 불평등하게 배분하는 사회 구조다. 위험한 것은 사람들이나 지역이 아니다.

2020년 여름, 핀인당의 간부가 자택에서 습격당하는 사건이 일어났다. 처음에 습격을 당한 당사자는 아랍풍 인물에게 습격을 당했다고 대답했지만,[*] 재판에서는 용의자인 피고가 이민자가 아니며, 오히려 극우 세력과의 연관되어 있다는 의심을 받았다.[**] 핀란드에 거주하는 비이민자 입

- [*] YLE, 2020년 7월 20일, "Finns Party aide speculates far-right behind assault"
- [**] YLE, 2021년 2월 24일, "Attemped murder accused denies charges, far-right links"

장에서 보면 자신들과 비슷한 상황에 놓인 사람들이 더 학력이 낮을 가능성이 크고, 극우 성향을 지닌 사람이 오히려 이민자보다 위험할 가능성이 크다.

그리고 특정 인종이나 계층, 지역을 위험하다고 여기는 사람들이 모두 '학력이 낮거나 시민의식이 낮은(나는 이런 표현을 너무 싫어하지만)' 것만은 아니다.

나치즘은 중산층의 지지를 받아 성립했다. 러스트 벨트(제조업의 사양화로 불황에 빠진 미국 중서부 및 일부 북동부 지역의 공장지대-역주)에 사는 가난한 사람들만 도널드 트럼프를 지지한 것은 아니다.

핀란드에 처음 왔을 때, 신세를 진 선생님 댁에 방문한 적이 있었다. 그 선생님의 배우자인 요시코 씨는 일본에서 태어나 일본어가 모국어이고, 과거에는 일본 국적을 가졌었다. 요시코 씨에게 잔뜩 귀여움을 받고 돌아와 며칠이 지났을 때 유키가 "요시코 씨는 일본인이야?"라고 물었다.

그래서 내가 "우선 어떤 의미에서 일본인이냐 핀란드인이냐 하는 문제가 있어. 일본이라는 나라, 핀란드라고 하는 나라의 멤버라고 일본 정부나 핀란드 정부가 인정하는 경우 -이런 걸 국적이라고 하는데- 그것을 말하는 거라면 요시코 씨는 핀란드인이야. 하지만 어느 나라 말을 할 수 있느냐로 따진다면 요시코 씨는 일본어, 핀란드어, 스페인어, 영어를 모두 할 수 있으니까 그 가운데 하나가 되겠지. 영어와 스페인어를 쓰는 건 여러 나라라서 결정하기 어렵지만. 그래서 부모가 어느 나라 출신인지를 따져 볼 수도 있어."라고 이야기를 시작했더니 유키가 "엄마는 아는 게 정말 많아."라며 놀라워했다. 그래서 "그냥, 엄마는 이런 이야기를 아주 오래전부터 궁금해했거든."이라고 대답해 주었다.

그래, 나는 딱 지금의 유키 나이 때부터 30년간 줄곧 고민해 왔다. 나는 일본인일까, 한국인일까. 어째서 다들 내가 부탁하지도 않았는데 그렇게 거리낌 없이 어느 나라 사람이냐고 물었을까. 그걸 고민하느라 쓴 시간과 노력이 쓸데없다고 생각하지는 않는다. 다만, 유키는 틀림없이 나와 다른 생각을 할 테고, 그러길 바란다.

• • •

유키가 네 살 때쯤, 우연히 가족끼리 한국음식점에 갔

다. 유키가 화장실에 가고 싶다고 해서 데리고 갔는데, 화장실 안에 있는 달력에 치마저고리를 입고 춤추는 여성의 사진이 있었다. 유키는 궁금했는지 "어, 이건 무슨 옷이야?"라고 물었다. "한국의 옷이야."라고 답하자 당연히 "한국이 뭔데?"라는 질문이 돌아왔다. 나는 그때까지 유키에게 유키의 외할아버지나 엄마의 민족적 뿌리 대해 이야기한 적이 없었다.

보통 '민족적 뿌리ethnic roots'라고 하는 것은 좀 더 그럴싸한 상황에서 이야기를 꺼내면 좋았겠지만, 나는 그냥 화장실에서 이야기를 시작했다. 한국은 나라 이름 중 하나고, 너희 외할아버지는 여러 서류상에서 한국인으로 되어 있어. '할아버지'라는 말은 한국어로 할아버지라는 뜻이야.

유키는 진지한 표정으로 내 말을 듣더니 "엄마는 한국 사람이야?"라고 물었다. 어떤 의미인지에 따라 달라. 서류상으로 엄마는 일본인이기도 하고, 한국인이기도 해. "그럼 나는? 나는 어느 나라 사람이야?" "그건 때와 장소에 따라 다들 무책임한 말을 하면서 적당히 결정하더라."

최대한 정확히 대답해 주고 싶었는데 결과적으로 뜻 모를 소리를 하고 말았다. 유키는 "그럼 나는 여자구나."라고 야무지게 대답하고는 후다닥 화장실을 나갔다. 그래 그렇게 생각하기로 하자.

그 후 얼마 지나지 않아 유키와 구마는 실제로 한국을 방문했다. 나와 남편이 일을 마친 후, 부산의 밤거리에서 아이스크림을 먹고, 노점상 아저씨가 딸기도 잔뜩 주시고, 서울 지하철에서 낯선 할아버지가 캐러멜도 주셨고, 마지막에는 KTX 안에서 웬 할머니가 옥수수와 전병까지 주셔서 받아 먹었다. 유키는 "한국은 사람도 많고, 먹을 것도 줘."라고 배웠다. 나는 오사카에서는 아주머니들이 사탕을 주지만, 부산과 서울에서는 주로 할아버지들이 사탕을 준다는 사실을 배웠다.

그다음으로 유키가 한국에 대해 알게 된 것은 헬싱키에 도착해 자택 격리를 하던 중이었다. 내가 마침 보고 있던 유튜브에서 한국 아이돌 트와이스의 동영상이 나왔다. 반짝이는 장식을 한 예쁜 언니들이 잔뜩 나오자 유키는 두 눈을 반짝였다. 그 뒤로 유튜브가 추천해 주는 카라와 소녀시대, 아이유와 블랙핑크의 동영상도 봤다. 자택 격리를 했던 2주간, 유키는 거의 매일 케이팝 동영상을 봤다.

그 후, 한 달 정도 지나서 내가 평소처럼 간단한 핀란드어 뉴스를 보고 있는데, 유키가 "이 사람 누구야?"라며 핀란드 총리인 산나 마린을 가리켰다.

"핀란드의 총리야."

"뭐 하는 사람인데?"

"나라마다 다르지만, 대부분 국민들이 낸 세금을 어떻게 쓸지 의논해서 결정하고, 그 결정에 따라 돈을 써. 그리고 그렇게 하다가 뭔가 문제가 생기면 최종적으로는 이 사람이 책임을 지는 거야."

"아, 제일 대단한 사람이야?"

"대단하다의 정의에 따라 달라. 남에게 명령을 내리려면, 문제가 생겼을 때 책임지고 사과할 줄도 알아야 하거든."

"그런가. 이 사람 말고도 다 여자들뿐이네."

"그러게. 대부분 엄마와 비슷한 나이의 여자가 많네."

"한가운데 있는 사람이 제일 대단한 거지?"

"보통은 그렇지."

나와 그런 대화를 주고받은 뒤, 유키는 한동안 무언가 생각에 잠긴 듯했다.

그 후 며칠 뒤에 역 근처에 있는 의사당을 지나게 되었다. 내가 저 건물 안에서 다 같이 나라일에 대한 논의를 한다고 설명하자 유키는 "성 같아.", "안에는 번쩍번쩍해?"라고 물었다. 그래서 "들어가 본 적이 없어서 모르겠네. 들어갈 기회가 생기면 같이 가보자."라고 대답했다.

그날 밤, 유키는 저녁을 먹으며 진지한 표정으로 "나는 크면, 일단 트와이스나 카라가 될래. 그런 다음 간호사가 되고, 그다음에는 정치가가 될 거야."라고 말했다.

핀란드에서는 외국인에게도 지방참정권이 있어서 지방의원이라면 입후보할 수 있다. 단, 지방의원은 보수가 지급되지 않으므로 다른 일을 하면서 파트타임으로 의원을 해야 한다고 말하자 유키는 "그럼 간호사를 하면서 정치가가 될 수 있겠네!"라며 좋아했다. 그러고 보니 예전에 유키가 만화로 된 나이팅게일 전기를 열심히 읽었지. 어디보자, 유키와 나이팅게일의 공통점은 둘 다 여자라는 것 정도구나.

11월 한 달 동안 유키네 반에서는 여러 외국어를 접하는 수업을 했다. 처음에는 독일어, 그다음에는 러시아어, 그다음은 프랑스어. 하지만 아직 핀란드어를 하지 못하는 아이는 그 시간에 핀란드어를 배울 수도 있었다. 선생님께서 유키는 어떻게 하면 좋을까 물어보기에 유키에게 직접 물어봤더니 조금의 망설임도 없이 "독일어!"라고 대답했다. 진짜야?

요즘 유키는 "전 세계를 다니며 여러 나라의 사람들과 친구가 되고, 어려운 사람이 있으면 최대한 돕고 싶어."라고 한다. 정치가가 되면 전 세계 사람들과 친구가 될 수 있고, 간호사가 되면 남을 도울 수 있으니 둘 다 하고 싶은 모양이다. 트와이스나 카라가 되는 건 이중에서 어느쪽에 가까운 일일까.

나는 정치가가 되고 싶다고 생각해 본 적이 없다. 그건 처음부터 말도 안 되는 선택지였다. 누가 봐도 재일한국인인 여자가 일본에서 공적인 자리에 나가서 즐겁게 살 수 있을 리가 없다. 우파냐 좌파냐 하는 정치적 신조를 따지기 전에, 같이 있기 싫은 부류의 남성들이 가득한 세계라니, 정말이지 내가 살고 싶은 세계는 아니었다.

나는 겉치레가 통하는 세상이 아니면 살아갈 수 없다. 다들 학교에서 겉치레 하는 법을 배웠을 텐데, 내가 나고 자라 책임을 다하며 살았던 그 사회에서는 놀라우리만큼 겉치레를 하지 않았다.

내가 대학에 들어간 해에 열린 홍백가합전에 배우 이병헌이 출연했었다. 화면 속에서 이병헌은 한국어로 이야기하고 있었다. 나는 그 모습을 우연히 본가에서 아버지와 함께 보게 되었는데, 아버지는 한동안 화면을 응시하더니 흥분하셔서는 "NHK에서 조선인이 조선어로 말하고 있어! 너, 이런 걸 상상이나 해 봤니?"라고 말씀하셨다.

아빠, 있잖아, 지금 세상에는 한류라는 게 있어요. 이 사람 엄청 유명해. 그리고 요즘은 욘사마를 비롯한 한국의 유명 배우들이 드라마에서 한국어로 말한다고요. 이렇게 말할 수도 있었지만, 아버지가 너무나 감동하셨기에 차마 찬물을 끼얹을 수 없어 잠자코 있었다. 아빠, 아빠의 손녀딸은 트와이스가 되고 싶은 모양이야. 아빠는 트와이스 모르지. 한국인과 일본인 여자아이들이 있는 그룹인데, 어찌나 눈부신지 똑바로 쳐다볼 수 없을 정도야. 그래서 그걸 한 뒤에 정치가가 되고 싶대. 믿을 수 없지?

• • •

핀란드도 지금 저출산과 고령화의 소용돌이 속에 있다. 그래서 이민이 필요하다는 논의가 이루어진다. 나는 이민을 마치 수용국의 문제를 해결하는 자원으로 생각하고, 수치로만 계산하는 논의가 싫다. 사람이 부족하면 다른 곳에서 데려오면 된다고 생각하다니. 그런 생각은 다른 곳에서 와야 하는 사람들의 경제적인 사정, 그리고 그것이 낳은 세계적인 불공정한 분배와 부의 격차를 무시하는 것이다.

자기 나라를 두고 다른 나라로 이주해 차별을 당한다. 어쩌면 자기 선택에 대한 책임일지 모른다. 자기가 원해서 이주해 놓고 이주한 나라에 불만을 토로하는 건 이상할 수도 있다. 진짜 난민과 위장 난민이 있고, 진짜 난민에게는 자비를 베풀겠지만, 경제 난민처럼 남의 지갑을 탐내는 사람은 자신들의 나라에 들어오게 할 수 없다고 생각할 수도 있다. 이민자가 되면 출신국에서 가지고 있던 어드밴티지는 대부분 사라지거나 가치가 줄어든다. 어떤 사정이 있어도 해외 이민은 안하는 게 맞는지도 모른다.

하지만 100% 자기 결정이라는 게 가능할까. 어떠한 상태에 있었다 하더라도 우리는 자신의 힘을 발휘할 수 있는 일을 찾는다. 자기가 결정할 수 있는 일을 찾아 선택하고, 그 일에 인생을 건다. 그 일에는 강제나 폭력, 착취가 있기도 하고, 또 자주성과 자기 결정을 찾을 수도 있다. 하지만 대부분 이러한 것들은 구분하기 어렵게 섞여 있다.

그리고 만약 진짜 난민 중에 위장한 경제 난민이 있다한들 경제 난민이 나쁠 건 또 뭐란 말인가. 나쁜 것은 경제 난민을 만들어내는 상황과 이를 초래하는 정치다. 이민이 무엇이 나쁜가. 더 좋은 기회를 찾아 이동할 수 있다면 이동하는 게 뭐가 나쁜가. 더 풍족한 나라에 사는 사람들의 지갑에 기대는 것이 뭐가 나쁜가. 풍족한 나라의 사람들이 누리는 그 풍족함이 예나 지금이나 어디서 온건지 안다면 그런 생각은 할 수가 없다.

지금 나는 정치적으로 아무런 박해도 받지 않는다. 나는 결코 보호가 필요한 상태가 아니다. 하지만 일본에서 아이를 키우기는 싫었다. 일본의 교육에 불만이 있었던 것도 아니다. 우리 아이들이 '보통 일본인'이 되는 것이 싫었다.

그것은 100% 내 자아^{ego}가 분명하다. 이제 나는 왜 아버지께서 내게 당신의 성을 물려주셨는지 안다. 혹시 아버지가 당신 혼자만 재일한국인이 되는 게 싫어서 그랬다고 해도 나는 아버지를 탓할 수 없다. 나는 자식들에게 아버지보다도 더 나쁜 짓을 하고 있는지도 모른다. 나는 유키와 구마가 어떤 상황에서 어떤 대우를 받기를 원하는 걸까.

예전에 우리 집에 방문했던 네우볼라의 상담원 리타는 나 혼자 헬싱키에서 아이 둘을 키우기가 쉽지 않을 텐데, 혹시 배우자나 다른 가족이 헬싱키로 올 계획이 없냐고 물었다.

나는 "그렇게 하고 싶지만, 아이들은 아빠는 일본에 있고, 자신들이 일 년에 몇 번 일본에 가서 장기간 머무를 수 있다고 알고 있어요. 그리고 그 상태를 지속하고 싶다고 해요."라고 대답했다(실제로 두 아이 중 특히 유키는 분명히 그걸 바라고 있고, 지금처럼 오갈 수 있으면 아빠와 한동안 만나지 못해도 어쩔 수 없다, 엄마가 바쁜 건 시터를 고용하거나 엄마가 일을 줄이면 된다고 말했다).

그랬더니 리타가 "멋지네요! 자녀분들이 이미 여러 문화 사이에서 자라는 환경의 장점을 알고 있는 모양이에요."라고 말했다. 그런 관점에서 생각해 본 적은 없었다. 만약 혹시라도 그런 장점이 있으면 좋겠다.

얼마 전에 유키가 목욕을 하다 이런 질문을 했다.

"이대로 내가 일본과 핀란드를 오가면서 자라면 나는 어느 나라 사람이 되는 거야?"

"누가 어떤 사람이 되는지는 그때그때 상황에 따라 결정돼."

이번에도 나로서는 정확히 답변해 줄 생각이었지만, 유키는 내 말의 의미를 모를 수도 있다. 유키는 잠시 가만 있더니 문득 생각났다는 듯이 의기양양한 표정으로 대답했다.

"알았다. 핀란드와 일본 사이니까 러시아인이야!"

그런 생각을 하다니. 그래, 그걸로 만족하자.

말을 끝내기가 무섭게 유키는 "앗, 하지만 나 러시아어를 하지 못하는데, 어떡하지!"라고 현실을 깨달았다. 나는 터져 나오는 웃음을 참느라 힘들었다.

　　팬데믹 직전에 헬싱키에 와서 벌써 일 년 반. 핀란드에는 좋은 점도 있고, 나쁜 점도 있지만, 여러 가지 면에서 휙휙 바뀌는 것에 놀라곤 한다.

　　2021년부터 핀란드에서는 취학 전 교육을 시작하는 나이가 1년 앞당겨졌고(즉, 다섯 살 때부터 2년 동안 취학 전 교육을 받는다), 의무교육도 2년 연장되어 열여덟 살까지 받게 되었다. 즉, 나와 아이들이 만약 핀란드에 계속 머무른다면 유키는 여기서 열여덟 살까지 의무교육을 받게 되며, 구마는 내년부터 취학 전 교육을 받게 된다는 뜻이었다.

　　취학 전 교육이 의무화된 것은 2015년의 일이다. 의무교육이 된 지 불과 6년 만에 햇수가 늘어난 것에도 놀랐다. 의무교육 햇수가 그렇게 쉽게 바뀌는구나.

　　유키는 2021년 8월, 집에서 가장 가까운 초등학교에 입학했다. 잘 생각해 보니 유키는 일본에서도 핀란드에서도 입학식을 경험한 적이 없었다. 유키는 헬싱키에 있었고, 교토에 있었다고 해도 다 같이 모여 하는 일반적인 입학식은 개최되지 못했을 것이다. 그러니 또래 친구들과 함께 등교 첫날을 맞이하는 것 자체가 유키에게는 인생에서 처음 있는 일이었다. 그런 이유로 입학 전날 밤에는 유키도, 나도 긴장했다.

핀란드에는 입학식 같은 게 없다고 이미 들었지만, 당일 아침, 재킷 정도는 입고 가는 편이 좋겠다 싶어 입고 나왔다가 나처럼 1학년생을 데리고 가는 이웃이 스웨트 팬츠를 입은 모습을 보고 얼른 재킷을 벗었다. 스웨트 팬츠가 저 사람에게는 정장일까...그럴 리는 없다.

초등학교에 도착하자 아이들이 다들 모여있었다. 자세히 보니 '1-A', '1-B'라는 반 이름을 적은 종이나 마스코트(마치 미라의 얼굴처럼 생긴 인형도 있었다. 무서워라)를 든 어른들이 있었다. 누가 봐도 담임 선생님이다. 잠시 후 집합 시간이 되자 그 사람들이 큰 목소리로 아이들의 이름을 부르기 시작했다. 이름을 불린 아이들은 그 선생님 곁으로 갔고, 교정에 있던 아이들은 약 스무 명씩 몇 개의 그룹으로 나뉘었다.

유키의 담임 선생님이 "자, 이제 자세한 사항은 유인물로 나눠 드릴 테니까, 부모님들께서는 가지고 돌아가세요. 헤이파heippa(잘 가라는 뜻의 핀란드어)!"라며 우리에게 작별 인사를 하고는 아이들을 데리고 학교 안으로 들어가 버렸다. 그렇게 하는 데에 총 십 분밖에 걸리지 않았다. 교장 선생님처럼 보이는 사람도 있었지만, 가끔 반 깃발을 들고 그 주변을 어슬렁거릴 뿐이었다. 확실히 이 정도의 입학식이라면 스웨트 팬츠를 입고 와도 문제가 없겠구나. 재킷을 입고 오지 않아 다행이었다.

유키네 반은 아이들이 스물한 명이고, 담임 선생님 한 명과 학습지도 선생님 한 명, 필요에 따라 특별지원교육 선생님이 있었고, 영어나 다른 외국어 선생님도 있었다. 아직 교내에 들어가 보지 못했지만, 보아하니 음악실에는 스튜디오 같은 설비도 있고, 공예실에는 커다란 베틀도 있는 모양이었다. 등교 첫날부터 급식도 나오고, 방과후 학교도 있었다. 현장 학습이라는 명목으로 나도 다녀 보고 싶었다.

그날 저녁 유키는 "재미있었어!"라며 웃으며 돌아왔다. "공부가 없는 학교 같아, 온종일 놀아서 좋아.", "일본의 초등학교와는 전부 다 달라." 같은 말을 했지만, 등굣길에 촌스러운 모자를 써야 하는 점만은 닮은 모양이다. 유키는 형광 노란색에 번뜩이는 은색 무늬가 들어간 매우 눈에 띄는 모자를 들고 집으로 돌아왔다.
이것도 빛을 반사하는 재질인가 싶어 약간 질렸지만, 일 년 반 동안 빛을 반사하는 옷을 입은 사람들을 너무 많이 봐서 그런지 나도 이 형광 노란색에 꽤 내성이 생겼다. 그래, 빛을 반사하는 게 중요하지.

초등학교 수업이 시작되자마자 사이트 주소와 등록 방법 그리고 임시 패스워드가 적힌 유인물을 받았다. 그 사이트에 들어가 등록하면 아이의 시간표, 학교의 공지 사항, 시험 성적을 볼 수 있고, 휴가(장기결석) 신청 등을 하거나 선생님에게 개별적으로 메시지를 보낼 수 있다. 이게 학습관리 시스템(Learning Management System, LMS)라는 건가. 나는 유키의 시험 성적까지는 관심이 없는데 말이다.

내가 기억하기로 나는 정말 단 한 번도 부모님께 "숙제했어?"라는 말을 들은 적이 없었다. 시험지를 보여달라는 말도 들은 적이 없다(나도 보여드린 적이 없고, 그래도 문제는 없었다). 하지만 이 학습관리 시스템에서는 선생님의 공지 사항이 와도, 시험 결과가 나와도, 이를 내가 자동으로 볼 수밖에 없다. "내일 우리 소풍이야."라며 꾸깃꾸깃한 유인물을 한밤중에 보여주는 것보다는 나을지도 모르겠다. 이 시스템을 통해서 아이에게 개인 컴퓨터나 태블릿이 있는지 확인하는 설문조사가 온 적도 있다. 하지만 보호자의 사인이 필요할 때도 있어서 유인물이 완전히 사라지는 것은 아닌 듯하다.

유키가 초등학교에 들어간 지 얼마 되지 않아 나는 헬싱키의 초등학교가 일본의 공립초등학교와는 모든게 다르다는 것을 깨달았다. 몇 가지 예를 들자면 우선 학교가 시작되는 시각이 아침 8시나 9시, 혹은 10시일 때도 있었다. 왜 그렇게 바뀌는 걸까? 끝나는 시각을 조정하면 안 되는 건가?

그리고 어학 수업 시간이 많다. 우선 핀란드 전역에는 핀란드어가 제1 언어인 학교와 스웨덴어가 제1 언어인 학교가 있다. 유키가 다니는 학교에서는 핀란드어가 제1 언어지만, 또 다른 공용어인 스웨덴어도 필수다. 1학년 때부터 영어나 독일어 혹은 프랑스어를 제1 외국어로 배우고(유키는 영어를 선택했다), 3학년 때부터는 다른 언어를 하나 더 배우는 모양이다. 그렇다면 유키는 핀란드어+스웨덴어+제1 외국어+제2 외국어까지 4개 국어를 무조건 공부해야 하는 것인가.

유럽계 언어라면 4개 국어라 해도 거의 비슷할 거라고 생각하는 사람도 있겠지만(나는 예전에 그렇게 생각했다), 핀란드어는 우리가 상상하는 '유럽계 언어'와 상당히 다르다. 스웨덴어도 다르고, 러시아어도 다르다. '역'은 스웨덴어로 'station'이고, 러시아어에서는 작은 역을 'станция(스탄치아)'라고 하지만, 핀란드어로는 'asema'다. 달라도 너무 다르다. 알고 있던 영어 지식은 전혀 쓸모가 없다.

체육 수업도 조금 다르다. 학교에서 지정한 체육복은 없고 각자 알아서 트레이닝복을 사서 입고 간다. 첫 체육 수업에서는 오리엔티어링을 한 모양이다. '오리엔티어링이 뭐였지? 소풍가서 한 적이 있는 것 같기도 하고……'라고 생각하고 있었는데, 듣자 하니 오리엔티어링은 스웨덴에서 유래된 듯했다. 그렇다면 핀란드에서는 흔한 스포츠일 수도 있다. 하지만 내 핀란드어가 틀리지 않았다면 공지 사항에는 '교내 지도를 들고 걸으면서 돌아다닌다.'라고 적혀 있었다. 그건 그냥 학교를 구경하는 것 같은데.

그리고 학용품은 전부 무료다. 공책과 교과서는 유키가 학교에서 받아 왔지만, 연필이나 지우개, 자 같은 것들도 교실에 비치되어 있어 함께 사용하는 모양이다. 급식도, 방과후 학교에서 받는 간식도 무료다. 하지만 방과후 학교는 특별한 사정이 없는 이상 1·2학년만 받을 수 있으며, 기본적으로 오후 4시까지다. 그런데도 한 달 이용료가 교토시보다 두 배나 비싸다. 대체 왜일까?

당연한 말이지만, 선생님의 연락이나 유인물도 전부 핀란드어다. 유키가 입학한 지 일주일 정도 지났을 때, 학부모회가 열렸다. 선생님이 하시는 말도, 보호자들끼리 나누는 대화도 전부 핀란드어여서, 나는 전체 내용의 10%도 알아듣지 못했다. 나중에 담임 선생님을 붙잡고 "그런데 오늘 무슨 이야기를 한 건가요?"라고 영어로 물을 수밖에 없었다.

그리고 무엇보다 공부를 하지 않는다. 정확히 말하면 1학년생은 학습 양이 적다. 유키의 교과서만 보면 일 년 동안 알파벳 읽는 법과 숫자를 쓰는 법 그리고 수의 개념 정도를 배우는 모양이다. 유키가 "학교에서 놀기만 해."라고 하더니, 이런 페이스로 진도를 나가도 되나 싶었지만 핀란드에서 나고 자란 지인들과 대화하면서 지식이 부족하다는 느낌을 받은 적은 없었다.

일본의 초등학교는 확실히 글자도 역사도 상당한 양을 공부해야 한다. 생각해 보면 핀란드어는 문법이 복잡하지만, 표기법과 발음은 매우 간단하다. 그리고 핀란드의 역사라고 해 봤자 지구상에 '핀란드'라는 국가가 존재하기 시작한 지 이제 100년이 조금 넘었을 뿐이다(스웨덴이나 러시아의 역사도 '핀란드의 역사'로 배우는 모양이긴 하다).

그런 생각을 하던 어느 날, 구마를 데리러 갔는데 유키의 담임이었던 마리아 선생님이 마당에 나와 계셔서 유키의 초등학교 생활에 대해 잠시 이야기를 나누었다. 내가 "아니, 듣기는 했지만, 정말 공부를 전혀 시키지 않네요! 일본에서는 취학 전에도 히라가나와 가타카나, 한자 80자를 공부하고 덧셈 뺄셈 정도는 하거든요. 이곳 초등학교는 점심 무렵까지만 수업을 하는데, 거기서도 놀기만 한다고 하더라고요. 깜짝 놀랐어요, 하하하."라고 말했더니, 마리아 선생님은 역시나 또 진지한 표정으로 "아이들이 할 일은 노는 거랍니다."라고 대답했다.

"아이들이 원하지 않는 기술을 강제적으로 익히게 하면 때로는 지나친 요구를 하게 되지요. 그러면 어른들을 만족시키기 위한 공부가 될 위험이 있어요."

"저희는 놀이를 통해 배우는 편이 공부라고 의식하면서 배울 때보다 더 잘 습득할 수 있다고 생각해요."

"학문적 기술이든 그 밖의 기술이든 6~7세 아동을 장시간 앉혀놓고 일방적으로 가르치는 것은 오히려 해가 될 수 있지요."

"아이가 열정을 쏟을 대상은 어른이 대신 찾아주는 것이 아니라, 아이가 놀면서 스스로 발견할 수 있으면 좋고, 설령 발견하지 못한다 해도 그것으로 충분하지 않을까요. 어릴 적에 무언가를 억지로 하다가 싫어하게 된다면 슬프잖아요."

"초등학교 3학년생(우리로 치면 10세 전후) 정도까지는 다른 사람과 함께 지내는 기술(social skill), 매일 생활을 스스로 관리하는 기술(daily routine skill), 노는 기술(playing skill)을 최대한 많이 연습하는 것이 중요합니다."

이런 식의 훈계를 듣고 말았다. 또 기술과 연습인가. 철저하군.

그 덕분에 유키는 헬싱키에서는 본인 말로는 '학교지만 놀기만 하는' 나날을 보내고 있다. 일본에서 초등학교에 다닐 때는 힘들어 보였는데.

이번 주에 선생님이 내준 숙제는 '아침에 스스로 일어나기', '양치질하기', '아침밥 먹기', '집에 돌아가면 가방 정리하기' 같은 작업인 듯했다. 아무리 그래도 이 정도는 너무 간단한 거 아닌가. 이런 게 매일의 생활을 스스로 정리하는 기술의 연습인가.

그 숙제에 나온 기술 가운데 하나가 '날씨에 맞는 복장 하기'였다. 그걸 본 순간, 나도 모르게 웃고 말았다. 이게 바로 예전에 동료의 배우자가 한 '적당한 옷을 입었다면 나쁜 날씨는 없는거야.'와 같은 말이 아닌가. 물론 날씨에 맞는 옷을 입는 것은 중요한 일긴 하다.

맺음말

　　　　　　　헬싱키에 이사 온 지 이제 일 년이 넘
었다. 유키는 헬싱키에서 초등학교에 입학했고, 구마는 이
제 어린이집에서 3세 반으로 넘어갔다. 이미 유키는 나보다
핀란드어를 잘한다. 구마도 요즘 들어 갑자기 일상적인 대
화 중에 핀란드어 단어를 많이 쓰기 시작했다. 얼마 전에는
저녁을 먹은 뒤, 둘이서 핀란드어로 떠들었다. 아무리 생각
해도 지금 세 명 중에 내가 핀란드어를 가장 못한다.

　　일본에 돌아갔을 때나 헬싱키에서 지낼 때나 일본에
사는 지인들로부터 핀란드 생활이 어떤지 말해달라는 얘기
를 많이 듣는다. 그런 부탁을 받을 때 보면, 사람들은 대부

분 핀란드를 매우 근사한 곳처럼 여기는 듯한 느낌을 받는 다. 행복도 세계 1위, 교육도 세계 최고, 모두가 행복하고 휘 게^hygge(편안함·따뜻함·안락함을 뜻하는 덴마크어·노르웨이어로, 가족이 나 친구 혹은 혼자 보내는 소박하고 여유로운 시간을 가리킨다-역주)한 느 낌을 떠올리는 것 같다.

참고로 휘게는 덴마크어다. 핀란드어 중에 그와 비슷 한 표현은 아마 '칼사리캔니^kalsarikännit(팬티만 걸친 채로 집에서 술 을 마시는 것)'인 듯하다. 휘게 중에 사진을 찍어 SNS에 올리 면 그런대로 '좋아요'를 받을 수 있겠지만, 칼사리캔니 중에 SNS에 사진이나 글을 올리면('지금 집에서 팬티 한 장만 입고 술을 마시고 있어요') 사람들이 날 걱정할 것 같다. 사진을 올리는 것 도 자제하는 편이 좋겠지.

사람들이 핀란드를 마냥 좋게 생각하며 내게 물을 때 마다 나는 과연 그들이 무엇과 무엇을 비교하고 있는지 궁 금해진다. 뭐든지 비교하면 안 된다.

예를 들어 A와 B를 비교해서 공통된 무언가를 발견하 거나(Ⓐ구마는 수영장에 다녀오면 가려워해, Ⓑ겨울에도 가려워하는 것 같아 → 피부가 건조해지면 안 되는 거 아닐까?), A와 B·C·D를 비교함으로써 A의 특징을 알아차리거나(ⒶＡ내 주변에는 왜 죄다 옷에 반사재를 붙이는 사람들밖에 없는 거야. 다들 얼마나 빛을 반사하고 싶은 거야?, Ⓑ·Ⓒ·Ⓓ아니 그건 네가 빛을 반사하지 않는 것뿐이야. 안 그래?, 그렇네!) 할 수 있다. 이때 중요한 점은 어떠한 조건을 갖추느냐 하는 것이다(예를 들어 갔던 장소나 반사재).

또는 무언가를 비교함으로써 처음에는 발견하지 못했던 '숨어 있던 같은 조건'을 알 때도 있다. 예를 들어 '피차별부락의 차별 경험과 재일한국인의 차별 경험을 비교해 보자.'라고 했을 때, 동일 조건은 '피차별부락 출신자와 재일한국인이 지닌 고유의 사정'보다는 '일본인 대다수에게 차별받는 점'일 것이다.

그렇다면 핀란드와 일본을 비교할 때, 우리는 무엇을 원하는 걸까. 어떤 공통된 요소를 발견하고 싶은 걸까. 그렇다면 그것을 발견해서 어떻게 하고 싶은 것일까. 무엇과 무엇이 '동일 조건'일까. 국가일까? 민주주의 체제를 채택한다는 것일까? 시장경제 체제일까? 복지제도가 정비되어 있다는 것일까? 비교를 통해 무언가를 알고 싶은 거라면 무엇에 대해, 왜 비교하는지에 대해 적극적으로 생각해 보는 것이 좋다.

핀란드의 행복도가 세계 1위라는 이야기도 종종 듣는

다. 실제로 핀란드에는 그것밖에 자랑할 만한 게 없을 수도 있다. 하지만 그 행복도라고 측정되고 있는 것이 일본에서 말하는 '행복'과는 조금 다를 가능성이 있다. 세계 행복 보고서에 사용되는 지표는

_1인당 GDP

_사회적 지원(social support, 곤란한 일이 생겼을 때 의지할 수
있는 친척이나 친구가 있는지)

_건강 수명

_인생의 선택 자유도(인생에서 무엇을 할 것인가 하는 선택의
자유에 만족하고 있는지)

_사회적 관용도(과거 한 달 사이에 자선단체 등에 기부한 적이
있는지)

_사회의 부패도(불만·슬픔·분노가 적은지, 사회·정부에 부패
가 만연해 있지는 않은지)

_디스토피아(모든 항목이 최저인 가공의 국가)

와의 비교 등이다.

그렇게 가난하지는 않고, 힘든 일이 생겼을 때 기댈 수 있는 공적 혹은 사적 관계가 있고, 적은 비용으로 건강을 보

장할 수 있는 시스템(=의료보험제도)이 정비되어 있고, 응답자가 인생의 선택이 자유롭다고 느끼고, 기부한 적이 있는 사람이 있고, 정치 부패도가 낮으며, 사회에 대한 분노나 불만, 슬픔이 적은 상태가 이 조사에서 측정할 수 있는 '행복'이라는 것이다.

예를 들어 '큰 차를 타고 다니며 매일 최고급 소고기를 먹고 호화로운 저택에서 사니 최고야!'라는 행복(오래 지속되지 않는 감정적인 행복)은 이 조사에서는 측정되지 않는다. '세상에 안 좋은 일은 많지만, 집 밖에 나가면 근사한 카페나 선술집이 있어 그곳에 가면 마음이 편해지고, 쇼핑하러 가면 좋은 물건을 비교적 저렴한 가격에 살 수 있어.'와 같은 행복도 아마 제대로 측정되지 않을 것이다.

• • •

사람들이 생각하는 이상적인 행복은 저마다 다르다. 혼자 책을 읽는 것을 좋아하는 사람도 있고, 친구와 함께 운동하기를 좋아하는 사람도 있다. 장사를 좋아하는 사람도 있지만, 돈은 더러운 것이라고 생각하는 사람도 있다. 수다를 떨거나 사람 만나기를 좋아하는 사람도 있지만, 남과 얽

히는 것 자체가 고역인 사람도 있다. 그런 사람들의 다양한 행복을 안정적으로 지원할 수 있는 시스템의 존재 여부가 중요하다.

바꿔 말하면 인간관계를 어느 정도 유지하면서도 서로 일정한 경계선을 만들어, 그 넘어의 생활을 방치하는 법과 제도가 마련되고, 사람들이 그 경계선을 충분히 인정하는 자신이나 사회의 모습을 받아들일 수 있다면 이 조사에서 말하는 '행복도'는 높아질 것 같다.

결국 이 조사는 개인이 다양한 행복well-being(몸과 다음이 모두 좋은 상태를 실현하는 활동이나 선택)을 추구할 수 있는 제도적 장치가 어느 정도 마련되어 있는지를 보는 것이다.

만약 그렇다면 핀란드는 확실히 행복도 순위에서 1위를 할 것 같다. 하지만 그렇다고 해서 핀란드에 사는 것이 매일 안정적이고 안락하면서도 근사하고 눈부신 생활이냐 한다면, 절대로 그렇지 않다. 지금 내가 느끼는 '핀란드의 장점'이란 이런 것 같다.

우선 아이가 있는 사람에게 상냥하다. 어제도 어린이

집에서 돌아오는 길에 구마와 유키가 갑자기 뛰기 시작했다. 내가 "잠깐만 기다려!"라고 외치며 쫓아가는데, 우리 주변의 지나치는 사람 중 우리를 보던 사람들은 다들 얼굴에 미소를 띠고 있었다. 어쩌면 '저 아줌마 이상한 모자를 쓰고 있네.'라며 웃었을 수도 있지만.

그리고 자극을 주지 않아서 좋다. 다들 남에게 그다지 관심을 보이지 않는(그래 보이는)다는 것. 그리고 유럽인이 아닌 민족에 대해 세세하게 구분하지 않는 것도 좋다. 출신지가 일본이든 대만이든 인도든 말레이시아든 다 '아시안'이다. 즉, 내게 일본인인지 한국인인지 마구 묻지 않는다. 이러한 장점은 저마다 근거가 있다. 나는 아직 핀란드어를 제대로 구사하지 못한다. 구글 번역이나 사전을 뒤져가며 공적인 안내문 등을 힘들게 읽는 수준, 쉬운 핀란드어 뉴스를 읽고 들을 수 있는 수준이다. 그러니 핀란드의 법률이나 역사, 사회 운동이나 문화에 대해서도 거의 일반인 수준으로밖에 알지 못한다. 그러니 내가 여기에서 말하는 내용은 그저 '일반인이 그때그때 떠올리는 생각'에 불과한 것이다.

우선 핀란드의 사회 복지는 보편주의에 바탕을 둔다.

286

즉, 공적 서비스가 얇고 넓게 깔려 있어 모든 사람이 사회보장 및 사회 복지·보건 서비스를 평등하게 누릴 권리를 지닌다. 누구나 사회 복지제도의 도움을 받는다는 뜻이다. '어려운 사람'만 사회복지제도를 이용하는 게 아니다. 다시 말해 이런 도움은 '세상의 도움을 받는 것'이 아니라, '내가 낸 높은 세금 중에서 일정 부분 환원받는 것' 혹은 '문제가 생길 때를 대비해 지금대신 세금으로 낸다.'라는 느낌에 가깝다.

이는 복지 서비스를 받을 수 있는 문턱이 매우 낮다는 의미이지만, 받을 수 있는 서비스가 그리 좋거나 대단하지는 않다는 뜻이기도 하다. 예를 들어 육아 수당은 그리 많지 않고, 한부모 가정이라 해도 수당이 오르지 않는다.

그리고 이미 육아 수당이 있으므로 직장에서 따로 추가적인 수당이 나오지도 않는다. 적어도 내가 다니는 직장에서는 그렇다. 직장에서 통근 수당이나 주택 수당도 나오지 않는다. 이 차이는 일본에서는 그런 지원 시스템 일부를 기업에 맡길 수 있다는 의미일지도 모른다.

결과적으로 어떤 서비스를 얼마나, 언제 이용할 지는 이용자의 자기 결정이다. 도움을 구하지 않으면 그 서비스에 대한 정보도 없다. 그래도 아직은 도움을 요청하면 확실히 도움을 받을 수 있다.

예전에 사고로 이가 빠지는 바람에 급하게 공립 치과에 간 적이 있었다, 그때 치과 보조가 "스스로 도움을 요청해야만 해요!"라고 영어로 나를 혼냈다. 그렇군요, 게을러서 죄송합니다…….

그래서 이곳에서 아이는 세상과 타인, 그리고 공공에게 피해를 주는 존재가 아니다. 아니, 애초에 공공이란 '피해'를 끼치는 대상이 아니라, 내가 이용할 대상이다. 나에게 등을 돌리는 것은 공공이 아니며, 공공을 위해 내가 참아야만 하는 것도 아니다.

나는 세금이라는 형태로 이미 공공에 봉사했고, 공공은 그것을 대부분 전원에게 배분한다. 배분을 받는 양이 적은 사람(예를 들어 그 해에 우연히 건강해서 의료기관을 이용하지 않은 사람)은 세금으로 돌려받는다. 공공은 다양한 행복을 추구하는 개별적인 나를 위해 존재하는 것이다.

2021년 봄, 유키는 취학 전 교육을 마쳤다. 졸업식이 없는 대신 봄 파티^{kevätjuhla}가 열렸다. 졸업장 대신 선생님들의 메시지가 적힌 카드를 받고, 다 함께 노래를 부르고, 그다음 날에는 숲으로 산책을 갔다. 산책에서는 아이들이 좋아하는 음식을 싸 와서 숲에서 먹은 뒤, 숨바꼭질이나 술래잡기를 한 모양이다. 언제 어디선가 시작된 교육을 아이들과 보호자가 모두 진지하게 받으며 익히고, 그랬다는 사실을 증명하는 졸업식이 아니라, 일 년 동안 즐거웠던 일들을 기념하는 파티였던 모양이다.[*]

내가 요즘 소비의 즐거움을 느끼지 못하는 이유는 노동 시간이 짧은데도 세금을 많이 내기 때문이다. 즉 사람을 쓰면 세금이 비싸진다. 요즘 헬싱키 시내의 여러 상점에 가 봐도 좀처럼 가성비 좋은 제품을 찾아볼 수 없다. 갖고 싶은 게 있으면 직접 만드는 편이 싸고, 일단 일본에서 지낼 때 보다

---

* 2021년 4월, 교육부 장관 대행 유씨 사라모(Jussi Saramo)는 "우리나라에는 그 어떤 젊은이나 어린이도 자신의 재능을 헛되이 할 여유가 없다."라며, 교육 예산의 확충을 호소했다(YLE, 2021년 4월 15일, "Ministry of Education pledges €67.8m to tackle education inequality"). 헛되이 하지 않은 재능은 세금이 되어 돌아온다. 국가가 교육에 투자해도 일에서 세금을 거두면 채산이 맞는다는 생각일 것이다. 참고로 교육부 장관인 리 안데르손(Li Andersson)이 2021년 4월 시점에 출산 휴직 중이라서 같은 좌파동맹인 사라모가 교육부 장관을 대행하고 있었다.

시간도 훨씬 많다. 마치 평온한 생활을 강요받는 느낌이다.

그리고 여기는 일 년에 절반은 바깥이 어둡고 추워서 오래 나가 있을 수가 없다. 실내에서 시간을 보내는 편이 좋다. 얼마간은 팬데믹으로 실내에 있는 공공시설 대부분이 폐쇄되어 결과적으로 시간을 즐겁게 보낼 만한 곳이 집밖에 없었다. '집에서 누리는 평온한 생활'이라고 적으면 뭔가 근사해 보이지만, 중학교 기술 시간에 제대로 서지도 못하는 의자를 만들어 선생님을 괴롭혔을 만큼 손재주가 없는 나에게는 뭐든지 직접 만들어 써야 하는 이런 상황은 꽤 힘든 환경이다.

자, 그런 점이 뭐가 좋은지 찾아보자. 일단 마음이 편해진다. 좋은 물건이 좀처럼 없다, 있어도 쉽게 사질 못한다(세금이 좀 더 내려간다면 살 수 있을지 모르겠지만). 쇼핑몰처럼 설레는 장소가 없다. 아니, 쇼핑몰이 있어도 거기에 진열된 상품에 마음이 가지 않는다. 맛있는 레스토랑도 별로 없다. 몇 번이나 말하지만 일단 모든 게 비싸다. 그래서 욕망을 자극할 만한 것을 만나지 못한다. 그래서 의외로 마음이 차분해지기도 한다. 수도승은 아니지만.

어지간한 물건은 '사지 않아도 어떻게든 되겠지.'라는 생각으로 핀란드에 살고 있다. 이런 나에게 북유럽 디자인

이란 마리메꼬나 이딸라, 핀레이슨 같은 브랜드가 아니다. 아파트 입구에 놓인 구둣솔(턱이 조금 져 있어서 빗질하다 흘린 흙이나 먼지는 땅바닥에 떨어진다), 식기세척기와 오븐, 거대한 냉장고를 갖춘 주방(독박 육아를 하는 사람에게 식기세척기와 오븐, 대형 냉장고가 얼마나 감사한지 이루 말할 수 없다), 씻은 식기를 그대로 올려서 말릴 수 있는 싱크대 위의 식기 선반이다. 세련되지는 않았지만 있는 것과 없는 것은 차이가 크다.

이처럼 '마음을 설레게 하는 멋진 물건을 구하기가 쉽지 않다는 점'과 '혹독한 날씨'가 합쳐지면 "출근 복장에서 가장 중요한 점은 무엇입니까?"라는 질문에 당연히 "옷을 여러 겹 겹쳐 입는 거죠!"라고 대답하게 된다. 제1의 도시이지만 애초에 다들 겨울 산을 오르는 듯한 차림을 하고 다니니, 남의 옷차림에 대해 뭐라 할 수도 없다. 패션도, 화장도 전혀 연습해 보지 못한 채로 30대 중반이 된 사람으로서는 남들에게 옷차림에 대한 지적을 받지 않는 이 상황이 고마울 따름이다.

물론 세련된 차림을 하거나 머리 모양을 바꿨을 때, 남들에게 칭찬을 듣는다면 기분이 좋겠지. 하지만 개인을 주목하는 것이 늘 좋다고만은 할 수 없다.

　　유키와 구마의 선생님들은 항상 두 아이의 인격이나 재능이 아닌 기술을 평가했다. 나중에 '교사의 매뉴얼에 아이의 인격을 평가해서는 안 된다고 나와 있기 때문'이라고 선생님이 말해주었다.

　　재능이나 인격은 비판할 수 없다. 이는 어느 정도까지 기다려야 생기는 것이며, 그로 말미암아 발생하는 이익이나 불이익도 본인의 책임이다. 그러나 기술은 언제부터든, 그리고 언제까지나 키울 수 있다. 어떤 기술을 어느 정도 키울 것인지는 스스로 결정할 수 있으며, 주변 사람들이 그 기술을 연습하도록 도와줄 수도 있다.

　　개개인의 행동이나 인격을 문제 삼으면 그 문제의 해결도 개개인이 책임져야 한다. 하지만 기술이나 개개인에게 공통된 일에 주목하면 자신도(어쩌면 누군가와 함께) 문제를 해결하거나 기술을 연습할 수 있다.

· · ·

　　얼마 전에 내가 계산대에서 교통카드를 충전하려는데,

계산 시스템이 제대로 되지 않아서 충전하는 데에 10분 정도 걸렸다. 그때 내 뒤에 줄을 서 있던 사람들은 누구도 짜증내지 않았다. 하지만 나는 주변에 피해를 준 것 같아 몹시 초조했다.

산책하면서 그때의 일을 엘리나 씨에게 말했더니, 엘리나 씨는 "속으로는 짜증이 났을 수도 있지만, 그것을 표정으로 드러내면 본인만 부끄러울 뿐이잖아요."라며 웃었다. 내가 "하지만 저는 사람들에게 피해를 끼친 것만 같아서 정말 초조했어요."라고 말하자 신기하다는 듯이 "그게 왜 당신이 피해 준 게 되나요? 당신에게 문제가 있었던 게 아니잖아요. 계산 시스템이 문제였던 거지."라고 답했다.

나는 그 말에서 엘리나 씨와 나 사이의 가치관의 차이를 느꼈다. 어떤 문제를 개인의 탓으로 보면 사람들이 서로 얼굴 붉힐 일이 생길 수도 있다. 하지만 그때 계산대에서 시간이 걸린 일을 나나 계산대 직원의 문제가 아닌, 계산 시스템(혹은 그런 계산대를 도입하거나 계산대 직원에 대한 지도가 부족했던 상점 혹은 기업)의 문제라 생각하면 나를 포함해 그 당시 계산대에 줄을 서 있던 사람들 모두가 서로에게 '민폐'라고 느낄 필요가 없다. 하지만 그런 일을 '귀찮은 손님'이나 '무능한 직원' 같은 개인의 문제로 보면 우리는 그 귀찮은 손님이나 무능한 직원을 싫어하게 된다.

핀란드에서는 사람들이 가끔 파업을 한다. 2019년에 핀란드의 우체국 포스티Posti가 장기간 파업했다. 그 결과 각종 배달이 지연되었고, 대중교통까지 연대 파업을 하는 바람에 헬싱키의 대중교통이 하루 동안 멈추고 말았다. 올봄에도 파업으로 각종 교통기관이 멈췄다. 이런 건 어떤 사람들에게는 민폐일 수도 있다.

하지만 그때 '파업은 민폐니까 그만둬.'라고 말해야 할까. 만약 '노동자가 파업하는 일이 없도록 경영을 잘해야지.'라거나 '파업하는 일이 없게 정책을 잘 실시해야지.'라고 생각한다면 파업이나 노동조합을 민폐라고 여기지 않을 것이다. 만약 우리가 둘 다 노동자의 입장이라면 노동자끼리 서로를 민폐라며 미워해 봤자 누가 득을 보겠는가?

파업만이 아니다. 누군가를 민폐라 생각하면, 연대해서 해결할 수 있는 일을 놓친다. 그건 어쩌면 매우 외로운 일이다. 여러 사람과 그때그때 어떤 목적을 위해 연대하고 싶지 않다면, 연대하기보다 누군가의 지시를 따르는 길을

택한다면, 우리가 사는 사회는 매우 고독하고 살기 힘든 곳이 될 것이다.

'아니, 연대나 협력 같은 건 귀찮기만 하고 그럴 시간적인 여유도 없다고. 그런 활동을 할 수 있다면, 그만큼 금수저인 거야.'라는 태클이 들어오겠지만, 우리가 먹고살기 바빠 사회를 변화시키지 못할 때, 그만큼 다른 곳에서 애써 주고 있는 사람들이 있다. 그런 사람들을 살기 바쁜 우리가 굳이 공격할 필요는 없다.

운동은 모두 함께 하는 것이다. 사회는 모두가 함께 만들고 바꿔 나가는 것이다. 평범한 사람들이 평범하게 대화를 나누다가 평범하게 결론에 도달한다. 무엇 하나 특별하지 않은 논의를 반복하면서 그 수많은 평범한 사람들이 법률이나 제도, 제도의 운용 방법 그리고 그 배경이 되는 지식과 규범을 바꿔 왔다. 그런 평범한 사람들의 집단이 발휘하는 힘을 믿고 있기에 나는 사회학이 재미있다.

• • •

우리가 괴로운 이유는 우리가 생각하는 것과 다른 점에

기인한다. 여기에 온 이후, 나는 문득 그렇게 느끼고 있다.

애초에 일본에 사는 사람에게 핀란드에 사는 사람의 행복도가 높다느니 어쩌느니 하는 문제가 그렇게 중요할까? 사실 '우리는 불행하다'라는 점을 말하고 싶은 거다. 사실 핀란드에는 관심이 없을 지도 모른다.

핀란드는, 아니 핀란드뿐만이 아니라 세계 그 어느 나라, 어느 곳도 유감스럽지만 일본의 불행을 이야기할 때 갖다 붙이라고 있는 곳이 아니다. 정붙이고 살면 고향이라고들 하지만, 어떤 고향에 살았다 한들 남의 떡이 더 커 보이는 법이다. 핀란드에는 핀란드만의 단점이 있고, 일본에는 일본만의 장점이 있다. 그것뿐이다. 애초에 핀란드와 일본의 어느 지역에, 누구와 함께, 어느 정도의 수입으로, 어떤 체류자격으로 사느냐에 따라 행복도는 달라진다.

일본에 있어서 불행하다고 느낀다면 그 불행은 일본에 속한 우리 자신이 해결해야만 한다. 핀란드의 행복도를 만들어준 제도는 일본과 시스템이나 역사, 이념의 측면에서 모두 크게 달라서 참고할 수 있는 부분이 거의 없다.

일본에 살고 있고, 자신들이 불행하다고 느낄 때, 그 불행을 이야기하기 위해 비교 대상으로 핀란드를 끄집어내려면 핀란드의 행복도뿐만 아니라, 일본에서 느끼는 불행도도 비교할 방법을 검토해야 한다.

'일본에는 사회문제 같은 건 존재하지 않아! 좌파한테 속고 있을 뿐이지, 일본은 정말 대단한 나라야!'라고 말하려는 게 아니다. 애초에 내가 일본에 아무 문제가 없다고 느꼈다면 굳이 정든 고향을 떠나 물가와 집값도 비싸고, 딱히 맛있는 음식도 없는 데다 읽고 싶은 책도 발견하기 어려운 곳에 두 아이를 데리고 이사를 했을까.

나는 나 자신이 안고 있는 문제에서 도망칠 수 있기에 도망친 것이다. 일본에는 많은 사회문제가 있고, 저마다 정도의 차이는 있지만 일단 한 번 발을 깊이 들이면 해결할 수 없겠다 싶을 만큼 그 과제가 크고, 이해관계가 깊으며, 행정은 무자비하고, 기업은 탐욕스러우며, 사람들의 연대도 어렵다.

하지만 그런 어려움은 세계 어느 나라나 비슷비슷할 것이다. 어느 나라를 가든 거대하고 심각한 문제가 있다. 어디를 가든 사람들은 힘들어한다. 행복한 나라 같은 건 어디에도 없다.

남편이 이런 말을 했다. "정치 운동을 하지 않아도 되는 나라는 정치적인 자유가 없는 나라뿐이야." 아마 남편 말이 맞을 것이다.

그렇기에 사회문제를 해결하기 위해 가능한 범위 내에서 모두가 힘을 합쳐 조직을 만들고 끈질기게 노력하고, 동시에 어째서 자신들은 불행하다고 생각하는지 그리고 그처럼 불행하다고 생각하는 사고방식이나 표현의 이유도 검토해 보면 좋을 것이다.

행복한 가정은 다 비슷비슷하지만, 불행한 가정은 저마다의 불행이 있다고 한다. 그렇다면 각자의 불행과 그 표현, 그리고 표현의 내력은 비교할 수 있을 것이다. 그리고 서로를 민폐라며 미워하고, 감정과 서사에만 이끌리며, 상대방의 기술을 봐야 하는 상황에서도 상대방의 인격만 보면서, 서로를 경계하는 것은 우리를 더 불행하게 할지언정 행복하게는 하지 않는다.

헬싱키에 온 지 일 년이 넘었다. 설마 이런 이주 생활을 하게 될 줄은 그 전 해까지도 생각하지 못했다.

다행히도 나는 여러 사람에게 도움을 받았다. 주로 아이들과 남편에게. 그리고 동료들과 어린이집 선생님들, 네우볼라의 상담원과 이웃들에도. 앞으로도 나는 가족과 친구들뿐만 아니라, 많은 사람과 제도의 도움을 받게 될 것이다.

사회란 그런 것이다. 공공이란 그런 것이다. 나는 유키와 구마도 그렇게 생각하며 자라길 바란다. 네가 도움을 요청하면 누군가가 너를 도와줄 거야. 앞으로 어떻게 살아가든 세상은 너를 환영하고 있어. 인권은 훌륭한 사람을 위한 것이 아니야. 오히려 가장 한심한 사람에게 보장되는 것이야. 국가와 제도는 너의 개별적인 행복을 뒷받침해 주기 위해 존재하는 거야.

그리고 일본인이라든가 한국인이라든가 아시아인이라든가 하는 식으로 너를 특정한 사람으로 분류하려는 사람이 있다면 '나는 여자이고 러시아인'이라고 대답해. 그런 질문을 받는 상황이 오히려 문제라는 걸 알면 좋겠어.

그리고 계속해서 친구를 많이 사귀어서, 가능한 범위 내에서 모두가 힘을 합쳐 사회를 바꿔 나가자. 사회에 눈을 돌리지 않으면 우리는 결코 자유로워질 수 없으니까.

헬싱키,
생활의 연습

1판 1쇄 인쇄 2025년 2월 10일
1판 1쇄 발행 2025년 2월 20일

지은이 박사라
옮긴이 황세정
발행인 김용환
발행처 세개의소원
디자인 스튜디오 달쓰

등록 2019년 7월 16일 (제406-2019-000079호)
주소 서울시 구로구 디지털로 288, 1212-27호
연락처 070-8957-7076 / sowonbook@naver.com

ISBN 979-11-91573-19-0 03190

책값은 뒤표지에 있습니다.
파본은 구입하신 서점에서 교환해 드립니다.